如何阅读波伏瓦
How to Read Beauvoir

[英]斯特拉·桑福德（Stella Sandford） 著

沈敏一 译

重庆大学出版社

斯特拉·桑福德是米德尔塞克斯大学现代欧洲哲学专业的教授，著有《爱的形而上学：莱维纳斯的性别和超越》。

目　录

丛书编者寄语

我如何阅读
"如何阅读"丛书?

　　本丛书基于一个非常简单却又新颖的创意。初学者进入伟大思想家和著作家的大多数指南，所提供的要么是其生平传略，要么是其主要著作概要，甚或两者兼具。与之相反，"如何阅读"丛书则在某位专家指导下，让读者直接面对伟大思想家和著作家的著述。其出发点是：为了接近某位著作家的著述之究竟，您必须接近他们实际使用的话语，并学会如何读懂这些话语。

　　本丛书中的每本书，某种程度上都堪称一个经典阅读的大师班。每位作者都择录十则左右著作家原作，详加考察以揭示其核心理念，从而开启通向整体思想世界之大门。有时候，这些择录按年代顺序编排，以便了解思想家与时俱进的思想演变，有时候则不如此安排。丛书不仅是某位思想家最著名文段的汇编、"精华录"，还提供了一系列线索或关键，能够使读者进而举一反三有自己的发现。除文本和解读，每

p.vii

本书还提供了一个简明生平年表和进阶阅读建议，以及网络资源等等内容。"如何阅读"丛书并不声称，会告诉您关于这些思想家，如弗洛伊德、尼采和达尔文，甚或莎士比亚和萨德，您所需要知道的一切，但它们的确为进一步探索提供了最好的出发点。

正是这些人塑造了我们的智识、文化、宗教、政治和科学景观，"如何阅读"丛书与坊间可见的这些思想家著作的二手改编本不同，本丛书提供了耳目一新的与这些思想家的会面。我们希望本丛书将不断给予指导、引发兴趣、激发胆量、鼓舞勇气和带来乐趣。

西蒙·克里切利（Simon Critchley）
于纽约社会研究新学院

致　谢

p.ix　　　我要感谢 Peter Osborne、Emily Salines 和 Alison Stone，感谢他们对本书各方面的评论与建议；感谢 Bella Shand 的编辑工作。其余的一切，都要感谢 Peter 和 Ilya。

1948年，西蒙娜·德·波伏瓦第二次去美国时，移民官员询问她此行的目的。她的签证上写着"讲座"。她明确说是"哲学讲座"。官方要求她解释什么哲学？"他给我五分钟时间，让我对他做一个简要介绍。我说这做不到。"（《时势的力量》，第164-165页）

幸运的是，我在这里的任务不是简要介绍西蒙娜·德·波伏瓦四十年的工作，而是讨论从她著作里摘录出来的经典章节，以此来解释为什么她是一位我们今天应该去阅读的思想家。从某种程度上说，这意味着解释我们应该*如何*阅读波伏瓦，本书的主要主张是，应该根据她继承并使之转变的哲学传统来阅读她。

波伏瓦最为人所知的可能是她在催化20世纪下半叶女权运动中的角色，在这里起作用的无疑是她最重要的著作《第二性》。它绝非一个传统的哲学文本。虽然它的理论基础是哲学，也提出了一种关于人类存在的独创性阐释，但作为20世纪最有影响力的书籍之一，相较于对它的哲学理解，其社会和政治反响更具历史重要性。但遗憾的是，《第二性》的成功掩盖了波伏瓦其他作品的光芒。尤其她的早期文章，为她后来的作品——包括《第二性》——的哲学解读给出了提示，在有限的学术圈之外却鲜有人知。波伏瓦其他作品的惊人多样性是那些只知道《第二性》的人意想不到的。因此，这本书的目的是让读者了解波伏瓦工作成果的全部内容，解释其哲学基础和独创性，并传达阅读波伏瓦的纯粹乐趣。

p.2

波伏瓦的研究最迷人的方面，是她对经久不衰的那些主题和观念做出的发展和修正。波伏瓦批评自己的研究的意愿，她的成熟哲学立场不断成型的过程，这两点本身就是值得大书特书的。出于这个原因，我选择按时间顺序展现波伏瓦的研究，不仅标明各本著作中的具体论点，还展示它们之间的关系，即使里面有些观点后来被认为是不对的并且被取代了。在很大程度上，波伏瓦的最好作品的独创性和重要性要归功于她为了写这些作品而订正的错误及糟糕开头。波伏瓦的主要哲学成就是开创了性与性别哲学的新领域。但是，即使她在很大程度上借鉴了其他人的创新，她也是一个将哲学理念应用于当前议题的原创作家，其中许多议题仍然是当今时代的议题。波伏瓦最厉害的技能之一是能够看到和解释我们最普通的和日常的经历所带来的哲学问题。波伏瓦用她自己的和别人的哲学之眼看世界，她的作品教我们也这样做，鼓励我们不同意她的具体结论，并超越她。

这本书的前四章解释了波伏瓦研究的哲学基础，并指出她是如何试图为存在主义提供一种道德理论的，也就是说，存在主义者对人类存在之本质的论断如何成为道德行为指南的基础。它们将展现波伏瓦把存在主义观念应用于各种特定社会和政治问题的过程中时是如何使这些观念发生改变的，同时，解释了这些作品的局限性。第5至7章处理具有开创性和社会革命性的著作《第二性》，阐明波伏瓦的社会分析观点背后常被忽略的哲学思想之含义，并展示它们的当代相关性。剩下的几章涵盖了波伏瓦后来的一些作品，再次强调了她思想的持续发展及多样性，这一点终结于其最后一部主要作品《老年》。

众所周知，波伏瓦与20世纪另一位最重要的欧洲哲学家让-保罗·萨特共度了一生。他们是一种不同寻常的、非传统的、始于并终于才智的、情感的和（一开始是）性的关系。虽然他们从未结婚，没有生活在一起，还各自与其他人发生关系，但他们对彼此一生的承诺比许多布尔乔亚式婚姻更加热切。然而，在公众想象中他俩的名字联系在一起，总的来说，并不对波伏瓦有利，并且经常降低了对她的研究进行严肃理解的可能性。对他们关系的低级兴趣有时会将对波伏瓦的理解拉低到八卦小报的层次，而且，由于萨特名气更大、成名更早，而将她贬损为"伟大的女萨特"，正概括了这样一种观点，即在才智上，她只是他的派生物。希望这本书有助于纠正这种误解。

　　无论好坏，波伏瓦和萨特被视为存在主义哲学的活生生的体现，存在主义哲学既是一套观念，也是一种生活方式。对20世纪中叶他们的左岸生活的幻想——无处不在的咖啡馆和高领毛衣，地下室爵士乐俱乐部里的吉坦牌香烟和自由恋爱——鼓舞了无数寻求"本真性"的年轻男女。（在这种背景下，美国出版商布兰奇·克诺普夫第一次提出将《第二性》翻译成英语，他认为这是一本"现时代的性手册"，会在受圣日耳曼德佩地区生活方式诱惑的美国年轻人中畅销。[1]）显而易见的是，对这种文化力量的幻想正在存在主义的深情讽刺中变成套路：《甜姐儿》（1956）中叫人一眼看穿的"强调者"；《叛逆者》（1960）中托尼·汉考克的角色，一个"左岸"自命不凡的人；以及毕夫的《卫报》漫画中最近频繁出现的存在主义小船。如果这些套路在英语世界盛行的反智主义氛围中能帮助我们走向哲学，那就再好不过了。除了这些丑化，对许多人来说，波伏瓦和萨特的书仍然提供了第一次令人沉醉的哲学尝鲜——一个令人不安而又兴奋的开端，让人们开始彻底质疑他们以前认为理所当然的一切。

　　那么，什么是存在主义？这个问题之所以变得复杂，是因为哲学和顶着存在主义这个名头的智力产品多种多样。不

p.4

---

[1]　Deirdre Bair, *Simone de Beauvoir: A Biography*, Summit Books, New York, 1990, p.432.

管怎样，简言之，它大概会被定性为与对"存在"的分析有关的哲学传统和方向，其中，"存在"是为"人类之在"保留的术语：人之本性、意义、可能性和痛苦。这并不意味着存在主义试图分离出人类独有的性质，拥有该性质将使人有资格称"人类"；而是说，它承诺要描述作为人而*存在*的根本特征——这里所说的人，是生活在人类和他人的世界之中的。基于人类存在是"*自由的存在*"这一假设——即人类行为最终不是由物理、物质因素或历史、心理"定数"决定的——存在主义哲学通常关注行动中的自由的影响，特别是对我们的道德理解的影响。再加上人类的存在——无论是作为一个整体还是每一个个体之间的关系——是完全偶然的（也就是说，不具有任何必然性，而只是一个事实），我们可以看到存在主义者对自由和行动的关注如何引导我们进入一个常被认为是哲学探究之本质的问题：生命的意义是什么？

p.5

　　存在主义基础性问题的重要形式很容易遭嘲笑，却不太容易回答或驳回。我是谁？或者，用更哲学的术语来问：作为一个人是什么？人之在是什么（也就是说，与无生命的物体、思想或艺术作品的不同之处）？我为什么在这里？我的存在有道理或有说得通的地方吗？我存在的意义是什么？我的存在有意义吗？如果有，意义从何而来？对于波伏瓦和萨特这两位坚定的无神论者来说，这些问题不能从宗教上得到答案，这让他们感到紧迫和唏嘘。类似地，以其他手段伪造出宗教确定性的一切答案——例如，据称能确保道德客观性的那些答案，其手段是将意义或价值的起源归于绝对的社会或历史实体，或者归于诸如"人性"之类的抽象虚构——都是决不会被接受的。他们的存在主义哲学，迫使人类的自由和随之而来的责任，以及我们避免或否认这些的可悲尝试，待在刺眼而严酷的聚光灯下。如果他们的研究带给人不适或更糟的感觉，这两位思想家都毫无歉意。这里传达的信息是：我们在这里，我们的存在没有外在的理由或意义——好好习惯一下吧。基于这些毫不妥协的真理，存在主义哲学给我们的任务是为我们自己、为彼此、为我们的世界担起责任。

回溯来看，尽管波伏瓦和萨特的第一部"存在主义"作品分别在20世纪30年代末和40年代出现时，欧洲存在主义作品的传统和经典已经存在，但将存在主义视为社会领域以及哲学领域的某项重大运动，是随着这两位法国作家的普及而明朗化的。许多因素在其中发挥了作用：使国际知识分子的形象成为可能的技术和社会条件；德国文化，尤其是被纳粹败坏的马丁·海德格尔的存在主义不再被信任；波伏瓦和萨特之间公开关系的"绯闻"性质，以及他们的感情关系与哲学之间人云亦云的关联；他们越来越直白的左翼观点及对社会和政治的介入；当然还有他们作品的巨大发行量和成功。到了1945年，他们被认为是该运动的发言人，经常被要求为它和自己进行解释和辩白。

p.6

出于本身固有的原因，存在主义哲学适合以相对容易理解的非传统形式来表达。波伏瓦和萨特写了存在主义小说和应景的散文，这有助于他们思想的普及。然而，存在主义哲学的"巨著"在背景中无法回避。波伏瓦和萨特从马丁·海德格尔的《存在与时间》（1927）中汲取了"存在主义分析"的思想，该思想在20世纪40年代已经具有哲学影响力，但在学术界之外几乎无人知晓。萨特最经久不衰的哲学著作《存在与虚无》（1943），多多少少是对《存在与时间》的改写。不同寻常的是（一部信息量庞大的、极具挑战性的、七百页的系统哲学论著）《存在与虚无》出名了（这并不是说它实际上有很多人读过）。即使到了现在，在大学本科的存在主义课程中，它也是"唯一一本"存在主义哲学著作。

由于《存在与虚无》的名声和影响，以及波伏瓦没有写过可以与之比肩的著作，围绕着波伏瓦哲学立场与萨特哲学立场之间的关系，有着诸多学术和政治争论。在她的自传中，波伏瓦不止一次地坚持认为，萨特的《存在与虚无》为她提供了哲学框架，她的研究是基于此框架的，她对此框架没有补充说明。波伏瓦公开维护萨特，反对诋毁者（真正的或被认为的），并且有时比萨特本人更萨特，尤其她似乎始终忠实于《存在与虚无》的基本原理，难说萨特本人是否会这么坚持。不过，与此同时，波伏瓦在没有明确批评过他的情况下，创作了大量作品，其中系统性地否认了《存在与虚无》的某些宗旨，并对优先性进行了重新排序，这样就限制了赋予萨特著作活力的"自由"这个哲学概念，同时将重点转移到与我们处境相关的活生生的、具体的方面。她为存在主义贡献的元素，完全不同于萨特所贡献的，她与自己身上萨特式的思想框架作斗争，方法是使其屈从于她自己的观念意志，而她差不多成功了。那么，即便一开始波伏瓦看起来是（并且声称是）最正统的萨特主义者，一种独有的波伏瓦式的存在主义也是在不断形成中的。

要是读者不带偏见，他可能会惊讶地发现，波伏瓦作为哲学家的地位问题一直是激烈争论的话题。这里的问题不仅仅是她是一个多么好或多么重要的哲学家，更根本的是，她是否是一个哲学家。我没法细说就此事开展过什么辩论，因为那些拒绝授予波伏瓦"哲学家"这一尊贵头衔的人，往往不会费心仔细阅读她的作品（如果不是根本没读过），也不会说出原因。另一方面，为她辩护的群体知识渊博且善于雄辩。这些争论是政治性的。波伏瓦的哲学资历需要得到明确肯定，因为哲学学科有两个不同寻常的特征：它在历史上由男性主导，且有持续存在的或者说是古老的性别歧视；以及学科上的狭隘观念。哲学的许多从业者认不出什么是哲学讨论，除非它遵照某种风格和术语，并以论文的形式在学术期刊（这些期刊可能会展示于某些大学高级公共休息室里）上发表。在这种情况下，如果某人是个男人，会好一些。在英国的分析哲学传统中，对法国知识分子的怀疑（如果不是仇恨）使问题更加复杂。波伏瓦样样都不符合条件。

反对波伏瓦的立场，其最基本的问题是不明白哲学在波伏瓦的工作中成为了什么。波伏瓦出生于1908年，是法国第一代被允许参加哲学教师资格考试的女性之一，这是一项竞争性考试，佼佼者会被选出来，以哲学为业。她在这项测验中表现优异，而这是欧洲学院中公认最难的智识测验。尽管波伏瓦因此接受训练而成为哲学家——并将她的许多智性美德归功于这种训练——她本可以寻求大学教职，却没这么干，转而写作。如果学院派哲学的老古板们认为波伏瓦不是"我们中的一员"，她也不会感到困扰——她的目标正是不这样。此外，波伏瓦不受限于学科界限。她的作品最与众不同的一个地方是横跨各种文学形式和知识流派。除了哲学散文、小说、短篇故事、戏剧、自传、回忆录、游记、杂志文章、报告、政治散文、书信、文学—哲学批评和文学理论之外，还有一些主要作品无法归类——《第二性》和《老年》。还有许多其他混合体裁的作品，例如由回忆录、对话、采访、致敬和批评的混合所构成的《告别仪式：别了，萨特》。因此，波伏瓦不仅轻松地从一种形式和学科转到另一种形式和学科，她还将它们混合在一起，在某些情况下拓展了它们的极限。哲学在波伏瓦作品中的地位这个问题，最主要的并不是关乎在多种多样的形式和学科中分辨出传统哲学作品或元素。这是一个传统意义上的哲学本身进行变革的问题，哲学思想在人类存在中的位置或作用的问题。哲学在与其他学科、文化和社会的被迫对抗中会变成什么？如果它变成什么老学究认不出来的东西，我们不应该惊讶也用不着忧心，而是要研究一下为什么。

忧　虑

　　普鲁塔克告诉我们，一天，皮洛士正在设想征服计划。"我们首先要征服希腊"他说。"然后呢？"奇涅阿司问。"我们要征服非洲。""征服非洲以后呢？""我们要征战亚洲，征服小亚细亚和阿拉伯。""然后呢？""我们要远征印度。""那征服印度以后呢？""啊，"皮洛士说，"那我就可以休息了。""为什么不现在就休息呢？"奇涅阿司说。

　　奇涅阿司似乎很明智。如果是为了回到家里，又何必出发呢？如果终有一天要停止，又何必开始呢？而如果我事先并不决定要停止，我就更觉得出发徒劳无益了。"我不要说A。"一位小学生固执地说。"那是为什么？""因为说了之后就得说B。"他知道，一旦开始，就永远不能以此做结束：说了 B 以后，接着就是整个字母表，音节，词汇，书本，考试，以及职业生涯。每时每刻都有一个新的任务推着他向另一个新的任务前进，无休无止。如果这事永无终结，那又何必开始呢？甚至建造巴别塔的工匠都以为，天是一块天花板，人们总有一天会碰得到。如果皮洛士能够将征服的边界外推至地球之外，至星系和最遥远的星云之外，到达在他面前不断溜走的"无限"，那他的所作所为只会显得更加愚不可及。他的努力将被分散，再也不能集中于某个目标。如此反思来看，一切人类计划都是荒诞的，因为计划得以存在，唯有靠着为它们划定的边界，而人总能够探出边界，还讥讽地自问："为什么到此为止？为什么不更远些？这又有什么用？"

"我认为，没有一个目的值得为它付出任何努力。"邦雅曼·贡斯当的主人公说。当这位青少年被反思的声音唤醒，他就经常这么想。作为儿童，他和皮洛士很相似：他奔跑，他玩耍，而不问自己问题，他所创造的物品似乎天然具有一种绝对的存在。它们自带存在的理由。但有一天他发现，他有能力超越自己的目的。不再有什么目的；对他来说，存在的仅仅是些无谓的事务；他拒斥了它们。"局已被做定。"他说。他轻蔑地看着他的长辈：他怎么可能相信他们做的事呢？他们都受了骗。有些人选择自杀，以结束这种荒谬的幻觉。而这的确是结束这一切的唯一手段，因为只要我还活着，奇涅阿司就说些"然后呢？有什么用？"来白白地骚扰我。毕竟，我的心脏还在跳动，手还能伸出去，新筹划仍在产生，推动着我前进。智者希望在这种固执中看到人类愚不可救的迹象。但一种如此本质性的倒错还能称作倒错吗？如果关于人的真理不在他自己身上，我们该去哪里寻找呢？反思不能终止我们自发性的冲动。

——《皮洛士与奇涅阿司》，第90-91页①

在自传中，波伏瓦讲述了她写《皮洛士与奇涅阿司》的动机，这是她最早出版的哲学著作。"女士，"出版商让·格雷内尔问她，"你是存在主义者吗？"此时，正值1943年初，波伏瓦将"存在主义"哲学与索伦·克尔凯郭尔和马丁·海

① 　中译参波伏瓦：《模糊性的道德》，张新木译，上海：上海译文出版社，2013年。译文根据英译有改动，尤其是 Pyrrhus 和 Cineas 两个人名的译法，未采用张新木的译法，而分别以商务印书馆出版的《希腊罗马名人传》(1990) 和《希罗多德历史》(1959) 为准。——译者注

德格尔联系起来，并将"存在主义"一词的创造（她声称不理解其含义）归给她的同胞加布里埃尔·马塞尔。（《盛年》，第547-548页）虽然我们不能确切说出波伏瓦在什么时候第一次自我认同为存在主义者，但在写作《皮洛士与奇涅阿司》时，她已经开始清晰地阐述自己的哲学立场。她后来说这本书是"为存在主义道德提供物质内容"的尝试（《盛年》，第549页）。对波伏瓦和萨特来说，存在主义的出发点是个人意识，所有归于世界的意义和价值都能在个人身上找到源头。由于完全不允许诉诸上帝，或任何外部道德权威，如"自然"，存在主义似乎对许多人来说是一种根本无关道德，甚至是不道德的哲学。尽管波伏瓦的存在主义前辈和同侪——尤其是萨特——曾宣称存在主义道德是可能的，但没有人真正证明过这一点。波伏瓦早先的尝试充实了这样一种道德观念，即解释道德何以可能是从个人开始的，这是她对存在主义哲学史的最初贡献。尽管波伏瓦的伦理学从未被全盘接受（正如哲学理论很少被全盘接受），但它的某些方面（强调个人与他人的关系以及个人行动的社会和意识形态背景）对存在主义哲学有重要贡献，并且是当前波伏瓦作品中重新引起人们兴趣的主题。

格雷内尔曾建议波伏瓦创作一本小集子，"当代思潮的代表类型"。波伏瓦一开始不情不愿，但还是开始了写作，三个月后她惊讶地发现她的文章已经"多到成了一本小书"（《盛年》，第548页）。她所关注的特殊问题，也是她后来出版的小说《他人的血》(1943)的主题，是自由的个体和"普遍现实"之间关系的本质，"普遍现实"也可以说是在历史中展开的世界，其中包含残酷的事实和另一些男男女女。这已是存在主义的一个核心关切，在某种程度上，这种关系的本质是它试图从哲学上解决的问题之一。但是波伏瓦对这个问题的解释具有独创性，她是从个体痛苦地反抗普遍性这一角度来解释的。从《皮洛士与奇涅阿司》开篇段落里摘取的上述选文中，波伏瓦陈述了一些基本的存在主义原则，以便用最尖锐的形式呈现这个问题。这种呈现问题的方式——以最极端的形式表现出来——是波伏瓦许多作品的典型特征。这些段落属于波伏瓦典型的早期文章，特别是其开头。断言和问题一个接一个，如瀑布般落下，让读者无法捕捉要点。在随后的段落中，主题的重点和问题激增。常常是，波伏瓦在文章开头指明的引导性问题没有被贯彻到底，或者说主要的论题焦点以某一种方式出现，其出现就是为了被抛开。人们可能会从波伏瓦的全部作品中得出结论，编排文章并非她最突出的文字技巧。然而，在《皮洛士与奇涅阿司》中，就像在这一时期的其他哲学著作中一样，论证的表面凌乱和半途而废，是来自作品令人咋舌的生机，也来自对哲学原则（源自苏格拉底）的忠实，即人应该跟着论证走，而不是以一己之念左右论证的走向。风格反映了内容的新颖，哲学跃入了一片空白领域。对于波伏瓦和她同时代的人来说，这个论证背后是我们现在所认定的存在主义假设，它是相对较新的想法，其结果刚刚开始显现。这是一种激动人心的哲学。

普鲁塔克的故事写于1世纪，讲的是谋士奇涅阿司试图缓和国王皮洛士军事野心而不成的尝试。（公元前279年，皮洛士在拿下对阵罗马人的一场胜利的过程中损失惨重，说出了一句名言"再来一场这样的胜利，我就输了"，由此产生了"得不偿失的胜利"这一概念。）波伏瓦从存在主义的角度解释了这个故事，并利用这个故事来思考人类行为的本质和意义，以及人类存在的终极目的。因为要面对如此艰巨的问题，存在主义很容易受到嘲讽。然而，这种嘲讽往往揭示的是，对在此处如此恳切地提出的问题——小声唠叨"这有什么用？"——的挥之不去的坚持，以及在我们日常工作与闲暇的生活中悄悄伴随着我们的无名忧虑。

p.13

在波伏瓦对伴随人类存在之不安的解释中，我们可以看到她对某些基本的存在主义观念的倚重。首先，波伏瓦的看法建立在一个矛盾的观念上，即人的本质全在于人的存在，也就是说，人的存在的意义不是事先给定的（例如，由上帝给定或自然而然），而是在存在中产生的。因此，波伏瓦认为人类主体是一个走向未来的动态运动过程。去存在，就是让自己投身于未来筹划，这种无休止的投身运动意味着我们不能把自己确定为一种静止的、持久的本质，即简简单单看上去是什么就是什么的东西。人类的存在是一个不断生成的过程，对我们每个人来说，这是一个永不完结的筹划（死亡是生命的停止，而不是完成）。在这个有关人类主体的动态概念中，宽泛地来理解，行动不是人类做什么，而是人类是什么。

其次，在存在主义哲学中，指向未来的人类行动的意义不是由任何外部权威或整体环境决定的，而是内在于行动本身的，事关指向目的、"telos"或目标的行动。例如，对皮洛士来说，决定任何一次征服的意义的不是世界历史或神灵，而是征服本身的目标。类似地，人类存在的意义本身不是外部强加或给予的，而是内在于对构成意义的行动——"筹划"——的理解。这就是问题所在。

在上述选摘中，波伏瓦写到，人类所有的行为都是根据一个特定的目的来构思和实施的，并且只有在与那个目的相关时才有意义。任何行动都足以说明这一点，但让我们以波伏瓦本人为例。1943年，波伏瓦萌生了写一篇哲学论文的想法，她在自传中写道，她"对个人经验与普遍现实的关系……有话要说"（《盛年》，第548页）。这个计划必然受到预期目标的制约：完成一篇文章（而不是一个长达二十卷的哲学大部头，或者一部同一主题的欢乐歌剧）。如果没有这个预期目标，或者至少没有某个预期目标，所有想要传达特定内容的努力都会像她写的那样，"将被分散，再也不能集中于某个目标"。然而，一旦她开始写这篇文章，就能看得出预期目标只不过是一种随意的制约。为什么写一篇文章就停手呢？为什么不写一部二十卷的大部头？如果很容易就能打破这种制约，那么最初目标的预期对我何足轻重呢？波伏瓦说，细想起来，我们会发现，有了预期目标，所有的人类行为尽管具备了意义，却同时变得无用。要么我们不给自己设限，在这种情况下，我们随意行事；要么我们用马上就不合时宜的目标来限制自己。如果我们必须将为自己设定限制作为我们行动的活目标，这种限制却立即变成了令人窒息的约束，那么所有的人类行动，以及人类存在，不都因此而变得荒谬了吗？

这并不是说所有的人类行为和存在都是荒谬的，它只是提出了一种可能性，这种可能性建立在人类行为的本质就是不断超越自我这个假设之上。以一种典型的存在主义风格，波伏瓦要求我们正视人类存在的荒谬性有着令人不快或威胁性的可能性，而不是用省事的谎言或徇旧的答案来安慰自己。事实上，恰恰是这么做，让作为争论焦点的省事谎言或徇旧答案被对抗，被拒斥。波伏瓦将这种对抗描述为每个个体的哲学意识觉醒的一个阶段。在哲学主体的青春期，"反思的声音觉醒了"。青少年的焦虑之苦对成熟的思考来说无疑是滑稽的，但波伏瓦给予他们一种哲学上的尊严，这是她的大功一件。她在其他地方说，孩童生活在一个对意义和价值不负任何责任的世界，波伏瓦称之为一个"严肃"的世界。（《模糊性的道德》，第35页）对孩童来说，构成世界的物体和关系的总和，似乎"天然是绝对的存在"——它们似乎不需要为自身的存在提供理由或解释——也就是被毫无疑问地认为是理所当然的。波伏瓦暗示，更重要的是，孩童认为自己的存在是理所当然的。"青春期危机"（《模糊性的道德》，第39页）是这种安全感的终结，也是我们著名的"存在的焦虑"之始，此时我们"掌管"自己的主体性，被迫开始对自己的存在以及对我们的意义负责。青少年对这场危机的反思可能采取老一套的表达方式，但正如波伏瓦所示，这一套表达方式也许能被转化为揭示其哲学真理的词汇。当青少年任性地说他"没要求被生下来"时，他就意识到自己的存在是完全偶然的，其出生并非事出有"因"。如果青少年"轻蔑地看着他的长辈"，那是因为这场危机的虚无主义对他来说，似乎是对于已感受到的存在之无意义的唯一真诚回应。"有些人自杀了。"波伏瓦说。值得认真对待这一点，而不是嘲笑和蔑视年轻人。

尽管青春期在波伏瓦的思想中以字面意思出现，但青春期这一哲学主题的概念具有更广泛的意义。上述引文中关于"儿童"和"青少年"的主张不仅仅是关于生理和心理成熟各个阶段的经验性主张，也是关于人类主体的存在主义主张。（如果它们仅仅是经验性主张，我们将不得不反对其中的一些。哪里有对主体的存在没有疑问的孩子呢？）在《皮洛士与奇涅阿司》中，就像在波伏瓦这一时期的其他作品中一样，她遵循黑格尔《精神现象学》（1807）所提供的一种哲学模式，此书卓越非凡，也是出了名的难懂。在书里，黑格尔写的是他所谓的"意识经验的科学"，一种对心灵或精神（Geist）的历史发展的叙述，从最简单的和回顾性的不充分知识的形式逐步上升到"绝对知识"或真理的知识。这些阶段往往由不同的人物代表，通常与特定的哲学立场相关联——例如，远离绝对的宗教人士的"苦恼意识"，或者道德理想主义者的"美丽灵魂"，意即其没有被世界上任何的真正道德关系污染过。从一个阶段到另一个阶段的运动被描述为意识经验的"旅程"，而这必须同时在几个层面上理解。每一个意识——我们每一个人——都要自己开启这个旅程。与此同时，我们每个人都生活在世界历史发展的一个特定节点上，于是也就处在普遍精神的旅程的一个特定节点上。

在摘自《皮洛士与奇涅阿司》的文字中，"孩子"和"青少年"就像黑格尔《精神现象学》中的人物，在多重意义上代表了意识发展旅程的各个阶段。青春期是个体成熟的阶段，但也是不限年龄的个体哲学发展的一个阶段，是哲学历史发展的一个阶段。因此，《皮洛士与奇涅阿司》开篇的这些段落不仅提到了每个个体（包括波伏瓦）的哲学觉醒，也提到了波伏瓦那一代哲学家的哲学觉醒——领悟到存在主义的严酷真理，甚至领悟到哲学史本身处在青春期。这最后一点似乎很奇怪，因为20世纪40年代的哲学在某种意义上早已"年老"；根据通常的欧洲历史记载，至少有2000岁了。但是对波伏瓦来说，哲学还处于青春期，刚刚开始不再像公认漫长的童年时期那样将确定性视为理所当然。具体来说，哲学才刚刚开始摆脱宗教——对波伏瓦来说，是基督教——确定性的枷锁，摆脱对人类存在的安慰性质的宗教辩

p.17

白，以及赋予其意义和价值的省事的宗教解释。

在《精神现象学》的导言中，黑格尔把意识行进的"道路"描述为"怀疑之路，或者更准确地说……绝望之路"。在对意识进行教育的每个阶段，对其先前假设之不足的认识被体验为"对所有所谓的自然观念、思想、观点的绝望状态，不管它们被说成是自己的还是别人的"。[①]根据黑格尔的说法，在对绝望的体验中，我们无法看到我们对先前信念的拒斥已经是正向的一步，我们的否定是"明确的"，这意味着其结果不会只是虚无，还会带来别的事物。在《皮洛士与奇涅阿司》中，通过提出所有人类行为和存在都是荒谬的这种可能性，波伏瓦在开篇就戏剧性地描述了这样一种绝望的经验。青春期就是一种绝望的经验，这种绝望来自无法洞察到"否定先前信念是有正面结果的"。如果我们不进一步阅读《皮洛士与奇涅阿司》，我们就会陷入绝望的状态，但当然此书并没有就此结束。

波伏瓦继续论述到，正是在我的行为对他人的影响中，我行动之正当的可能性出现了。波伏瓦认为，行动的悖论在于，尽管每个行动的目标是把行动当成行动来赋予意义，但这一目的很快就会被突破，从而可能使行动变得毫无意义。为了避免这种无意义，我们为自己的行动寻找一个无法超越

---

①   G. W. F. Hegel, *Phenomenology of Spirit*, trans. A. V. Miller, Oxford University Press, Oxford, 1977, pp.49, 50.

的目标。如果我们认为这意味着我们应该瞄准一个无穷尽的目标，我们注定会失败，因为"我们的努力将被分散，再也不能集中于某个目标"。一个无穷尽的目标对于一个有限的存在者来说是一个无意义的目标。不过，根据波伏瓦的说法，另一个人的自由是我无法超越或突破的唯一一种现实。波伏瓦认为，如果我行动的目的被其他人接受，并成为他们行动的目的，那么我行动的目的就呈现出一种我无法超越的形式。用最简单的话来说，这意味着我自己的计划成为我的人类同胞的计划，是说得通的。我需要我的人类同胞，"这些外来的自由"，波伏瓦写道，"因为一旦我突破了自己的目标，我的诸种行动将会退回到它们自己身上，变得迟滞和无用，如果它们没有被新筹划带到新的未来的话"。（《皮洛士与奇涅阿司》，第135页）这样做，其他人承认我的行动和目标的有效性，从而证明它们是正当的，将它们从潜在的荒谬中拯救出来。对波伏瓦来说，这种必要性为我们提供了道德的理性基础。其他人只有在一种情况下才能变我的计划为他们的，也就是他们拥有"健康、闲暇、安全以及（社会与政治）自由去做他们想做的事情……因此，我必须努力为人们创造条件，这样他们才能伴随和突破我的超越性"。（《皮洛士与奇涅阿司》，第137页）

　　大约二十年后，在她的自传第二卷中，波伏瓦对这个解决方案的成功或力量不再抱有幻想。她在那里说，假设个体靠自己敲定了筹划，然后才要求他的人类同胞认可它，而不是从一开始就认识到其他人在我的所有关切中的作用，这是要失败的。波伏瓦的做法，就像我们独自完成筹划，然后去寻找其他人接手，但事实是，其他人已经在了，因为没有人是孤立地生活或行动的。波伏瓦说，《皮洛士与奇涅阿司》中错误的"主观主义"，加上些许唯心主义——倾向于在观念领域而不是在世界本身的人类关系中寻求问题的解决方案——"剥夺了我所有的或几乎所有的猜测的意义"（《盛年》，第549-550页）。她可能还会补充说，《皮洛士与奇涅阿司》的道德观完全是自私的。"我为人们要求健康、知识、福祉和闲暇"（《皮洛士与奇涅阿司》，第137页），只是因为我需要他们的自由来正当化我的行为，而不是因为他们的健康等本身是值得争取的。因此，经过反思，波伏瓦正确地看到，对《皮洛士与奇涅阿司》开头提出的问题的临时且不令人信服的解决方案并不是这本书的兴趣所在。"这第一篇文章只在当下让我感兴趣，"她在20世纪60年代早期写道，"因为它标志着我发展的一个阶段。"（《盛年》，第550页）同样，我们可以——不无轻蔑地将《皮洛士与奇涅阿司》视为处于青春期后期的波伏瓦哲学的一种表达，这一时期最重要的是对公认观点的批判性质疑和对旧的确定性的拒斥。在这个意义上，这些选摘表明波伏瓦愿意步入未知领域，也有能力对标志着哲学思考曙光的各种"青春期"忧虑和思想用哲学表达出来。此外，这些忧虑持续存在于《皮洛士与奇涅阿司》之中，存在主义问题的解决方案只能将其压抑，却无从克服。特别是，这些忧虑在波伏瓦的最后反思和结论中明明白白地回来了，她在这里承认，我的筹划不是被另一个人接管就有了正当性，因为它们不再是我的筹划。《皮洛士与奇涅阿司》结尾的真正结论是，我们要行动——我们必须行动——尽管存在且面临着行动的悖论："我们必须在不确定性和风险中采取行动，这正是自由的实质。"（《皮洛士与奇涅阿司》，第139页）这个问题得不到解答。这是关于我们的永恒青春期的最深刻真理。挑战在于从中看到不仅仅是否定的东西。

这就是我们现在认为的经典存在主义。它使得存在主义的流行观点被通俗易懂地——如果不能称其为"情有可原"的话——表达成一种为青少年而设的阴郁和悲观哲学。但是在《皮洛士与奇涅阿司》选段的最后几行，波伏瓦为我们准备了一个惊喜。"毕竟，"她写道，"我的心脏还在跳动，手还能伸出去，新筹划仍在产生，推动着我前进。"几页后，她继续写道，我不是一件东西，而是"一种自我向着他人而作的筹划……所欲、所爱、所要、所行动的自发性"（《皮洛士与奇涅阿司》，第93页）。这些字句表明，在充分认识到行动的悖论和存在的潜在无意义的情况下，我们采取行动是必要的，这不是勉强为之或无奈为之，正相反，是欣然为之。没有什么能压制"我们自发性的冲动"，生命本身的热潮或活力。尽管哲学思考得出了"悲观"的结论，但新的欲望、爱的冲动——总的来说就是"想要"——继续产生影响，而这，到头来才是真正的行动悖论。

2

模糊性

p.21

　　蒙田说："我们一生的不断劳作，就是建造死亡。"……这个只有动物和植物经受的悲剧式的两重性，人是知道的，也对此进行思考。由此，一个新的悖论进入了人的命运。人这个"理性的动物""会思想的芦苇"，虽然摆脱了自然处境的束缚，但是还没有从中彻底解放出来；这个世界，他很清楚它是什么，但他仍然是这个世界的一部分；他显示为纯粹的内在性，没有任何外在的力量能够掌握这种内在性。他也感觉到自己是一种事物，一种被其他事物的黑暗重量碾压着的事物。每时每刻，他都可以把握自身存在的超越时间的真理；然而，在不复存在的过去和尚未到来的未来之间，他所在的这个瞬间却什么都不是。他是唯一拥有以下特权的人：在一个充满客体的世界中，他是最高的也是唯一的主体，他也只能与自己的所有同类分享这个世界；对他人来说，他也是一个客体，处在他赖以生存的集体之中，仅仅是该集体中的一个个体。

自从有人类以及人类生活以来，人类全都经历了人的状况那悲剧式的模糊性；但自从有哲学家以及哲学家开始思考以来，他们大都试图掩盖这个状况。……

现如今还存在众多的学说，面对十分复杂的处境，这些学说往往将某些棘手的方面置于阴影中。然而，倘若有人企图对我们说谎，那将是徒劳的：懦弱没有用；那些理性的玄学，那些安慰性的伦理，人们想以此来引诱我们，但结果只能加重我们正在经受的不安之感。如今的人们似乎比以往任何时候都更加感受到其生存状况的反常。他们把自己认同为最高目标，任何行动都要服从这一最高目标：但是行动的要求又迫使他们把自己当作工具或障碍：即当作手段；他们对世界的控制越紧，就越是被无法控制的力量压垮……

每时每刻，在诸多时机，尽管有那么多顽固的假象，依然会真相大白：生命和死亡的真理，我的孤独和我与世界的联系的真理，我的自由和

p.22

我受奴役的真理，还有每个人和所有人的渺小和最高意义的真理。既然我们不能回避真理，那么就让我们正视真理吧。让我们承担起我们基本的模糊性吧。只有在对我们生活的真实状况的认识中，我们才能汲取生活的力量和行动的道理。

《模糊性的道德》，第7-9页[①]

在《皮洛士与奇涅阿司》中，波伏瓦从正反两方面描述了行动的悖论。从消极的一面来看，它体现在我们总是倾向于超越自己设定的目标，终将使得这些目标失去意义。从积极的一面来说，它体现在推动我们不断向新目标前进的快乐活力的不断"高涨"，尽管我们的反思揭示了潜在的无意义。波伏瓦在《皮洛士与奇涅阿司》中没有明确处理这两种看法之间的关系，我们遇上了她思想中的一个未解决的矛盾。不过，几年后，在《模糊性的道德》中，波伏瓦将这一矛盾上升为一个哲学原理，即人类存在本身的"根本模糊性"。此矛盾不再是一个错误或疏忽，它是人类存在的一个根本特征，有关于此的经验可以用哲学术语来描述和解释。

上面的引文摘自《模糊性的道德》的开篇，以最直白的

[①] 中译参波伏瓦：《模糊性的道德》，张新木译，上海：上海译文出版社，2013年。译文根据英译有改动。——译者注

语言阐述了这种根本模糊性的本质和后果。再者，它是典型的波伏瓦的早期论文。波伏瓦一开篇就火力全开，展现了一系列矛盾，从中显露出一些大胆的主张和雄心勃勃的提议。理解这些段落所面临的困难，部分是由于本书的核心观点得到解释之前就被人一头撞上。正如史诗常常从事情的中段（in media res）开始，我们也这么开始，却并不十分了解我们所处的位置。这些段落展示了波伏瓦的教学策略和文字风格。她几乎总是先向我们扔"硬货"，从不把高潮部分留在最后。她肯定读者的才智，以此使他们感到荣幸，作为回报，她要求读者付出一些努力。

这篇引文最引人注目的一点是它的夸张手法。人类存在的根本特征，即模糊性，两次被描述为"悲剧性的"。人类的境况是"我们所遭受的混乱"。压垮我们的，有"事物的黑暗重量""无法控制的力量"，也许无须奇怪的是，我们存在的令人不安的真相被认为是我们害怕直视的东西。这种戏剧性的夸张无疑半是修辞。但是，对于这篇引文的主旨而言，这不是不重要的，也确实给了我们对其进行解释的线索。

《模糊性的道德》出版于1947年，写的是波伏瓦和她的同时代人战后思想焦虑的症状之一。在很大程度上，波伏瓦这一时期的著作的持久兴趣在于从哲学上反映那个时代的社会和政治动荡。在她的自传中，波伏瓦生动地描述了德国占领下的巴黎的超现实的"正常"生活，还有其更戏剧化的方面：朋友的死亡、对更多死亡的恐惧、炸弹、危险、抵抗中

p.24

的振奋和恐惧、对通敌乃至生存所做出的令人厌恶的妥协。法国光复后，纳粹死亡集中营的令人作呕和几乎难以置信的消息，意味着由战争引发的反思期没有变得和缓，而是日益激烈。对当代读者来说似乎很抽象的问题，对波伏瓦和她的朋友来说，是关于他们日常生活的具体而紧迫的问题。在占领和抵抗的背景下行动意味着什么？是什么构成了抵抗行动？在通敌合作的背景下，是什么构成了一种行动？不行动是行动的一种形式吗？当我们无法知道自己行动的可能后果时，我们如何能决定去行动呢？造成自己战友死亡的抵抗行动是正当的行动吗？在这些情况下，正如波伏瓦痛苦地、尽可能诚实地反思自己的处境，悲剧性的词汇及其压垮人的重量似乎并不那么奇特或滑稽。在这方面，《模糊性的道德》是对当时最尖锐的社会和政治困境的一种哲学解释。

有了这样的背景，它不再是这些似乎惹人侧目的段落的夸张，而是哲学论述的本质。战争时期紧迫且相当具体的两难困境及其后果，被转化为对人类存在本身的悲剧性本质的普遍——在某种程度上是超越历史的——主张。在第一段中，至少有四个分开的、高度浓缩的观点结合在一起，形成了第一击。每一个观点悄悄给出了一对明显对立的术语，以及每一对术语之间的矛盾关系的假设，只要它们涉及人类存在。

第一，死亡不是生命的对立面，而是它的忠实伙伴。这并不意味着活着的人必须做好失去亲友的打算，而是说，死亡内在于每一个生命。生命一开始，死亡的种子已经在它里头生长。尽管所有生物都是如此，但人类存在的悲剧在于我们意识到了这一点。这就引出了第二点。我们不是注定要按照盲目的本性生活，仅仅凭本能行事，尽管一些对人类生活的"科学"解释如此坚称。自我意识，一种反思自然的能力，将人类与动物或植物区分开来，人类文化将我们从单纯的自然存在中解放出来。不过，我们并没有摆脱我们的自然境况。我们像所有有机物一样死亡和分解。此外，我们对自己作为纯粹"内在性"的体验，即意识的无法触及的内在私密性，并不能抵挡我们被外部世界的重量压垮。我们能够断言自己不仅仅是世界上诸多事物中的一个，然而我们还是不断地被如此揭示：我们与事物是相似的。波伏瓦扭转了这一观点，并从几个不同的角度来看待它。虽然我作为自己处于绝对主体的地位，但在别人眼里我很容易沦为客体。我是一个独特的主体这一事实，从我的角度来看，是让我变得独一无二，而从另一个角度来看，则是让我变得和其他人一样。我坚持自己是一个个体，然而我的"个体性"只有在我是一个集体的一部分时才是可理解的，而在这个集体中我的个体性逐渐消失。

相对其他的论点而言，这最困难的一点，显得有些难处理。波伏瓦写道，在每一个时刻，我们都可以把握我们的存在这一"超越时间的真理"。也就是说，每时每刻我们可以看到的，是人类存在的永恒真理，而不是在这个或那个特定时间碰巧真实的东西。这令人困惑，因为永恒的概念似乎与

p.26

波伏瓦对人类有限性的后果的思考相冲突。但在这里，她只是想说，在任何时候，我们都可以把握人类存在的模糊真理，只要这种真理不依赖于物质的、时间性的存在的偶然性。然而与此同时，严格来说，每一个"时刻"——尽管我们于其中把握了这一真理——都是虚无。如果没有与过去、未来的联系，每一个当下的时刻都是虚无的，因此，我们的存在这一"超越时间的"真理总是受制于其时间范围。

所有这些论点都引向同一个结论。每当我们试图定义真理时，运用各种相对的术语中的一方（与自然相对的文化，与外在客观性相对的内在意识，与普遍性相对的个体性，与偶然事实相对的永恒真理），我们会发现它也可以立即与另一个术语等同。理性思维的非此即彼逻辑（"无矛盾"逻辑）无法公正对待人类存在的混乱模糊性，在后者的情况下，既此又彼的矛盾逻辑占据主导。人类存在是自然的，又是不自然的；人之主体是一个独特的内在物，又是一个寻常的外在对象；我们都从芸芸众生中脱颖而出，又最终被纳入其中。

这些以各种不同方式表达的悖论，是大多数存在主义哲学的核心。波伏瓦的特殊贡献是将它们确立为人类存在最基本特征的若干方面：*本体论模糊性*。①尽管她不是第一个提

---

①   "本体论"在传统上是用来称呼对"存在"的性质和意义进行的探究。本体论断言是关于不同种类的事物在其存在层面的断言。

出模糊性这一哲学概念的人（例如，这是梅洛·庞蒂《知觉现象学》的重要内容，波伏瓦在该书 1945 年出版时做了书评），但她是第一个详尽阐述这一概念的人。通过将模糊经验描述为一个"存在"问题——个体的张力之所在——并试图以此作为道德的基础，波伏瓦大胆地进入了一个前人未曾涉足的领域。人类存在的"模糊性"不仅仅是指我们可以用多种以及或许是矛盾的方式来理解人类存在。模糊性不在于语义。它意味着人类——其本身——就是模糊不清的。成为人，就是成为一个充满矛盾的造物，并同时以不同的和矛盾的方式去存在（而不仅仅是被理解）。

这种模糊性的最重要的表述——这是推断出来的，但在这些段落中没有明确——即人之存在在本体论上是模糊不清p.27的，包括自由和"事实性"。这里讨论的自由不是肉体的（免于上枷锁的自由）、政治的（不遭压迫的自由）或社会的（不受制于习俗的自由）。它是本体论的：行动的自由，当我们本可以不这样做的时候选择这样做的自由，一种让我们对自己的行为负责的自由。根据波伏瓦的说法，我们在这个意义上是自由的。人是自由的存在。同时，残酷的事实是，任一人类存在都得直面我们无法做主的东西：这就是马丁·海德格尔所说的我们的"事实性"。和其他事物一样，我们也是世界的一部分，我们自由的落实会立即让我们的事实性凝结成团。虽然对我自己来说，我可能是一个自由的有意识的存在，永远带着不断更新的计划奔向未来，但某些经历向我揭示，对其他人来说，我往往只不过是我们赤裸裸的存在所呈现的外在形式。对我们自己来说，我们是有意识的主体性；对其他人来说，我们是"工具或障碍"，是众多其他对象中的一个。

波伏瓦声称，我们都感受到或遭受过这种"悲剧般的模糊性"。但是，准确地说，它的"悲剧般"是指什么？对波伏瓦来说，无非是这样一个事实：存在的两个方面从不一致。作为自由自觉的主体性，我们是自身行为的意义和正当性的绝对来源，但我们不对自己的事实性负责。简而言之，我们没有选择去存在，也没有什么使我们存在变得必然。虽然每个决定和行为的正当性在于我们自己，但我们存在的事实本身没有意义或正当性。我为什么存在？我的存在是找不到理由的。我们存在这一残酷事实是纯粹偶然的，由于这一点无法挽回，因此我们所做的其他一切事情的意义——我们自己赋予它的意义——有瓦解成无意义或荒诞无稽的危险。

p.28
波伏瓦自己也承认，不难看出存在主义是如何赢得"荒谬与绝望哲学"的名声的。（《模糊的伦理学》，第10页）基督教右翼的共同反应，是反对上帝的缺位，而普通读者的共同反应，则是被哲学的批判和对抗性质压得不堪重负。波伏瓦说，确实如此，这种对人之存在的叙述，从其本身而言，并不能提供任何希望来对抗存在的极端荒谬性，因为它没有提供摆脱悲观结论的路径。那么，也许我们模糊不清的存在的悲剧恰恰在于，任何试图克服这种模糊不清和逃避这种无意义之威胁的努力免不了要失败。或者悲剧在于——至少到目前为止——尽管如此，我们还是继续努力着。

然而，《皮洛士和奇涅阿斯》的悲观结论在那里受到的挑战是波伏瓦关于生命力之无止境高涨、欲望之不可抑制的主张，与此一样，在这里，由于一个出人意料的主张，《模糊性的道德》中"存在"之根本模糊性的绝望减弱了。波伏瓦写道，我们克服模糊性的努力免不了会失败，这本身就是模糊不清的。这种失败可以成为道德的积极基础。正是由于我们无力从自身正当化自己的存在，我们才会求助于他者的存在。只有清醒地接受了存在的模糊性及其所有"令人不安的方面"的真相，我们才能看到我们是如何与他人绑定在一起，因为我们需要他们为我们正当化自身的存在："只有他人的自由才能使我们每个人不在荒谬的事实中变得冷酷。"（《模糊性的道德》，第71页）波伏瓦敦促我们，不能否认我们的根本模糊性，而是要去"承担"，去接受它，并将这种接受的过程描述为"一个转向的问题"。（《模糊性的道德》，第13页）因此，《模糊性的道德》是一个宣道式的文本，尽管它对人类生存的悲剧叙述明显很悲观，但在试图以此为基础确立道德时，它代表了乐观主义的胜利。

然而，我们很难不得出这样的结论：波伏瓦的乐观绝招——尽管从某个角度来看令人印象深刻——也不过是哲学家喜欢用来"诱惑我们"的那些"慰藉式伦理"中的最新一种。十五年后，波伏瓦在她自己的苛刻判断中，对她在《模

p.29

糊性道德》中的解决方案的空洞本质表示遗憾，把它的失败归因于玷污了她这一时期大部分作品的理想主义。其"理想主义"在于，只提供了一个关于如何思考道德的抽象、概括的解释，却无法展示这如何与任一特定案例切合。此外，它假定道德抉择和行为是对普遍主题进行理性反思的结果，而不是基于每个独特处境的特定、具体情况的妥协。"我错了，"她后来说，"当时我以为我可以独立于社会背景来定义道德。"（《时势的力量》，第76页）也就是说，波伏瓦没有看到的是，在上述引文中粗略列出的明显的普遍困境，实际上是她所属的资产阶级知识分子精英的具体问题。战后如何安定下来，殖民主义和以为暴力常态的非殖民化进程，以及即将到来的冷战，在这样的背景下，寻求一种每个人都可以理性地承认的道德，是忽视了政治反应的必然性——这种反应不会是关于个人对其模糊性的商谈。如果对《模糊性的道德》的最好解读，是它试图用哲学术语来表达这个时代的社会和政治动荡，那么它也揭示了波伏瓦政治反应的不足，她自己后来也很愿意接受对这部早期作品中的个人主义的批评。在某种意义上，意识到这一失败，是波伏瓦的知识-政治危机的导火索，这标志着她作品转折点的起点，其结果绝不仅仅是消极的。就此而言，《模糊性的道德》的"失败"当然可以说是巧之又巧的模糊不清。

3

复　仇

p.30

　　在纳粹的压迫下，面对使我们成为他们的共谋的叛徒，我们看到有毒的情绪在我们心中滋长，这是我们以前从未有过的不祥之感。战前，我们过着不希望任何同胞受伤害的生活。像复仇和抵偿这样的词对我们来说没有意义。我们蔑视我们的政治或意识形态对手，而谈不上嫌恶他们。至于像刺客和小偷这样被社会斥为危险分子的人，他们似乎也不是我们的敌人。在我们眼中，他们的罪行只是由一个没有给每个人平等机会的政府引发的意外。这些人不会折损我们所信奉的任何价值观……由于意识到我们的特权，我们不让自己去评判他们。我们也不想与执意维护我们不赞成的秩序的特别法庭站在一起。

自 1940 年 6 月以来，我们学会了愤怒与仇恨。我们希望耻辱和死亡降临在敌人头上。今天，每当特别法庭宣判一名战犯、一名告密者、一名通敌者有罪时，我们感到判决是我们自己做出的。既然我们渴望这场胜利，既然我们渴望这些惩处，他们做出审判，做出惩罚，就是以我们的名义。我们的意见即通过报纸、海报、会议表达出来的公众意见——这些专门工具造出来，就是为了用于表达公众意见。我们为墨索里尼的死，为纳粹刽子手在哈尔科夫被绞死而高兴，为达尔南的眼泪而高兴。通过这样做，我们参与了对他们的谴责。他们的罪行触动了我们的心。我们的价值观，我们活下去的理由，皆经由他们受到的惩罚而得到肯定……

p.31

　　突然发现自己是一个法官，更是一个行刑者，这绝非小事。在沦陷的那些年里，我们热切地想要这样的角色。于是，恨是容易的。当我们读到报纸《我无处不在》上的文章时，当我们从收音机里听到费多耐或哈罗德-帕奎斯的声音时，当我们想到纵火犯或奥拉杜尔、布痕瓦尔德的施刑者、纳粹领导人及其帮凶——德国人民时，我们愤怒地对自己说，"他们会付出代价的"。我们的怒火似乎预示着一种沉重异常的喜悦即将到

来，重到我们几乎不相信自己足以承受。他们
已经付出代价了。他们马上要付出代价了。他
们每天都在付出代价。而喜悦之情没有在我们
心中升腾。

　　毫无疑问，我们的失望部分可归咎于时势。
肃清并不简单。许多最严重的战争犯结局惨烈，
而这看上去并非抵罪；其他人仍然逃脱了惩罚。
德国人民的态度让我们的恨意不能继续下去。但
这不足以解释为什么如此热切渴求着的复仇会在
我们嘴里留下灰烬的味道。这里的问题焦点是惩
罚本身的概念。现如今我们在真实的具体情景中
感受到了"复仇""正义""宽恕""仁慈"等词
所表达的情感和态度，它们倒呈现出一种让我们
感到惊讶和担忧的新含义。在我们看来，法律制
裁不再是简单的治安措施——这样的治安措施仍
然保留着对过去盲目信仰的反映。我们所有人或
多或少都感受到了这一点：我们自己去实施惩
罚、实施复仇的需求。我们想更好地了解这种需
求对今天的人来说意味着什么。它行之有据吗？
能得到满足吗？

——《以眼还眼》，第245-247页

在自传中，波伏瓦写道，1945年初，她和萨特仍然被自动贴在他们著作上的"存在主义"标签激怒。但是到了那年秋天，他们已经放弃了对它的抗议，转而决定拥抱它，让它为自己所用。她写道，在没有计划的情况下，"我们在那年早秋发起的是一场'存在主义攻势'……我们对自己引起的公愤大为震惊"。（《时势的力量》，第46页）萨特出版了他的三部曲《自由之路》的前两部(《理智之年》和《缓期执行》)，并发表了他那篇关于存在主义和人文主义的著名演讲，如今这可能是关于欧洲存在主义的最著名的（尽管不是最佳的）文本。[①]就在她的第一部剧作《白吃饭的嘴巴》开始写之前，波伏瓦的第二部小说《他人的血》出版了，她还发表了如今很有名的关于哲学和小说之间关系的演讲——《文学与形而上学》。与此同时，波伏瓦和萨特谋划了一段时间的第一期评论刊物《摩登时代》火热上市。波伏瓦回忆说，此后，"报纸没有一个星期不讨论我们"（《时势的力量》，第46页），讨论的事情包括他们的理念和生活方式。

这一时期的法国存在主义比现代欧洲哲学史上除马克思主义之外的任何一套思想都享有——事实上现在仍然享有——更多的公众认可和成功。毫无疑问，它的主要代表——波伏瓦和萨特——是迷人的、有魅力的人物，他们维

---

① 'Existentialism and Humanism', trans. Philip Mairet, in Jean-Paul Sartre, *Basic Writings*, edited by Stephen Priest, Routledge, London and New York, 2001.

持着极其不合传统的情感关系，对此他们是公开谈论的。但是存在主义思想的广泛传播并不是宣传上的意外，也不是人们对这两位哲学家的私生活感兴趣之余的意外收获。波伏瓦和萨特有意寻求尽可能广泛的公众参与，他们的思想以多种形式被呈现和传播的形式是这一目标的一部分。到1945年，波伏瓦确信，写作者的工作是"理解他的时代"，并直接向他的同胞表达自己。（《时势的力量》，第12页）对波伏瓦来说，这意味着写作者的目标是实现"对形而上学现实的独创性把握"（《文学与形而上学》，第273页），其中形而上学现实的意思是人之存在的非经验性真理。

如果这意味着写作者的目标大体来说是哲学上的，这并不意味着有必要以或多或少传统哲学论文的形式来呈现"形而上学现实"——例如，萨特在他的《存在与虚无》中所做的那样。根据波伏瓦的说法，不是说有一种写作形式本身比其他形式更适合这项任务。不管怎么说，1945年前后，波伏瓦最经常使用一种特定的写作形式——新闻-哲学散文。选择这种形式，是由历史和社会环境决定的。波伏瓦写道，那是"一个摸索着的、沸腾着的重生时期"（《时势的力量》，第56页），新的问题和挑战几乎每天都会出现。对眼下的通敌历史，要么进行复仇、辩解，否则就达成共识，并期许一个彻底开放的未来——这是波伏瓦和她的同伴在这场思想风暴中发出的响亮声音。必须在紧迫的气氛中做出决定、采取立场。这种情况需要一种快速灵活的写作和出版形式：每期由几篇短文组成的评论成了当仁不让的形式。按照波伏瓦的说法，以此形式为这类出版物写作，"捕捉快速发生着的新闻，呼应自己的朋友，反驳自己的对手，几乎和私人通信一样快。我读到一篇令我生气的文章，然后立刻对自己说：'我得回应它！'我给《摩登时代》写的所有文章都是这么来的。"（《时势的力量》，第56页）

确实，《摩登时代》就是这么诞生的。波伏瓦和萨特创立了本评论刊物，据波伏瓦说，是因为现有的评论刊物"不足以表达我们所处的时代"。（《时势的力量》，第21页）编委会成员包括当时法国最重要的知识分子——仅举三人，哲学家莫里斯·梅洛-庞蒂、政治理论家雷蒙·阿隆、作家兼诗人米歇尔·莱里斯，《摩登时代》的创立就是为了填补这一空白。它的刊名受查理·卓别林的同名电影（《摩登时代》）的启发，意在表明，在试图"表达时代"的过程中，每一种形式的文化产品，每一种社会表达，无论从传统哲学的角度来看多么"低端"或无足轻重，都将被充分试验，以尝试着去把握"形而上现实"。

p.34

本章引用的文章——《以眼还眼》——既是新闻-哲学散文形式的典范，也是《摩登时代》此时的内容的典范。这篇文章是针对罗伯特·布拉西拉赫的审判和处决而写的，他曾在一家法西斯报纸的版面上揭发战时通敌政府的反对者——单拎出了一些人——此外，他不仅接受而且积极倡导侵占势力主张的反犹太主义。在布拉西拉赫战后受审的前几天，波伏瓦感到震惊的是，她被要求和其他作家一起，把名字加在一份为布拉西拉赫争取宽恕的请愿书里，以此声明他们支持作为作家的布拉西拉赫。

在《以眼还眼》中，波伏瓦解释了她为什么拒绝签署请愿书。简单来说，是因为她认为布拉西拉赫的决定是自由做出的，因此不能援引任何外部环境（个人的或历史的）为借口，并且他罪行严重，理应得到惩罚。他实施了故意羞辱人类的"绝对的恶"，这是"可憎之事"，对此"容不得有丝毫宽纵"。（《以眼还眼》，第257页）让这一罪行不受惩罚，就是赞成布拉西拉赫所行的可憎之事。但是，为波伏瓦的决定找理由，不是《以眼还眼》的主题，因为困扰她的不是这个决定本身。她没有高估自己在布拉西拉赫的审判结果和随后的处决中的作用，而是说，她明白通过这一姿态，她在此事上承担了部分集体责任。

在存在主义哲学的语境下，这种对责任的承认并不意外。然而，更有趣的是对责任的集体性质的强调。这段引文中的"我们"，不是书面语中正式的"我们"，而是一个真正的复数：我们——波伏瓦和她的同伴——之前离司法的机器和执行远远的。"我们"在这篇文章中的功能，是对个人主义的有效驳斥，个人主义被波伏瓦本人视为《皮洛士与奇涅阿司》和《模糊性的道德》的主要失败之一。如果那两部作品中讴歌的独立自主的主体总是自视为"公众意见"的反面，《以眼还眼》则认为"我们"是其中的一部分。波伏瓦说，以前，对犯罪和刑事司法，我们耽于某种自由式的回应。我们把被社会谴责的"杀手和盗贼"看作是社会和政治秩序的受害者，这种秩序为他们提供不了除犯罪之外的其他一丁点儿选择，我们让自己与审判他们并延续这种秩序的国家司法机构保持距离。波伏瓦说，这些罪行不会折损我们的任何价值观；事实上（隐含的意思是）我们感到在与他们并肩作战。但现在，这些罪犯是战犯、告密者和通敌者："他们的罪行击中了我们自己的内心"。当我们的价值观被对他们的惩罚所肯定时，我们发现自己与实施惩罚的国家机器是共谋。由于我们渴望得到有罪判决，由于我们正是法庭试图平息的公众意见，因此他们以我们的名义被审判和定罪。

　　除了解释这种与司法机构有关的观点的转变，重要的是波伏瓦在这里还写到了"我们"心中第一次绽放的"有毒的情绪"。她说，我们已经学会了"愤怒与仇恨"，①而且我们热切地承担了潜在行刑者的角色。如果说"复仇和赔偿在战前对我们没有意义"，那么现在它们成了我们最珍视的愿望，并带来了一个承诺，即 "一种沉重异常的喜悦，重到我们几乎不相信自己足以承受"。然而，波伏瓦说，这种喜悦之情 p.36

---

① 　　本摘选中提到的当代事件在克里斯塔纳·阿尔普对《以眼还眼》的翻译的脚注中有所解释。在哈尔科夫，一个战争罪法庭判处了四人死刑。约瑟夫-达尔南是法国通敌民兵的头。保罗·费多耐和让·哈罗德-帕奎斯都是纳粹宣传者的电台的播音员。这三人都被处决。642人在格拉内河畔的奥拉杜尔（位于利穆赞省）被杀害，当时德国士兵将他们锁在教堂里并放了火。

没有在我们心中升腾。为什么"如此热切渴求着的复仇……在我们嘴里留下灰烬的味道"？更具体地说，为什么布拉西拉赫之死没有带来它曾经许诺的喜悦？为什么在他受审完离开法庭后，波伏瓦不再想要他死？波伏瓦的愤怒是如何转变为她"不能不带着痛苦设想，对'必须惩罚叛徒'这一原则的首肯，定会令一个灰暗的早晨血流成河"？（《以眼还眼》，第257页）

在思考这些事件时——从超然的批评家到复仇的行刑者，再到不安的共谋者的转变——问题出在惩罚的概念本身。在试图理解惩罚需求的基础并评估其实现的可能性时，波伏瓦的文章进入了推理性哲学的领域。根据波伏瓦的说法，复仇（在这一点上她没有与惩罚区分开来），明确地旨在给当事者施加痛苦或死亡——它没有一个实用的或功利的主要目的。她说，复仇"不能在现实的考量中得到解释"：杀死墨索里尼不是为了震慑想当独裁者的人。法国光复后的"'剃头'、对狙击手的私刑、对某些通敌警察的立即处决这些惩罚，就只是惩罚，别无其他目的。"（《以眼还眼》，第248页）相反，复仇"满足了一种深层次的需求，以至于它可以控制务实的需求"，正如《凡尔赛和约》所显示的那样（对德国复仇的需求超过了对"欧洲持久平衡"的需求）。波伏瓦写道，复仇"满足了人类的一个形而上的需求"。（《以眼还眼》，第247页）

根据波伏瓦的说法，当"通过酷刑、羞辱、奴役、暗杀"，一个人将另一个人降格为客体，从而否认他们作为人的存在时，就会发生"可憎之事"。（《以眼还眼》，第248页）这样一件可憎之事就立即需要复仇。复仇旨在重建人类意识之间的对等性；也就是说，它旨在迫使行可憎之事者承认受害者之前被剥夺的自由，以及人之存在。因此，波伏瓦说，"对人与人之间对等性的肯定是正义观念的形而上学基础"（《以眼还眼》，第49页）。

这是一个复杂的说法。流行观点将正义当作一种实践要求，与此相反，波伏瓦声称正义是一种源于人之类存在的固有社会本质的要求。在这里，就像在她哲学著作和小说的其他地方一样，波伏瓦追随黑格尔的哲学。在《精神现象学》中，黑格尔试图（在许多人看来是成功的）确立了这样一个真理：自我意识依赖于对另一个自我意识的承认。用最简单的话来说，这意味着一个人对自己作为一个人、一个自由的主体（而非虚无，或者仅为一个客体）的感觉，有赖于一个人被另一个人如此这般地承认。拒绝这种承认（在奴隶制和种族主义的历史上；在日复一日行人对乞丐之存在的视而不见中；在集中营和阿布格莱布监狱里）导致了历史学家和理论家奥兰多·帕特森所说的"社会性死亡"：一个人实际上被排除在人类社会之外。[1]黑格尔的说法到了波伏瓦这里，

---

①   Orlando Patterson, *Slavery and Social Death*, Harvard University Press, Cambridge Mass., 1982.

"人与人之间关系的对等性"是惩罚观念的形而上学基础，因为它以人类的结构为基础。之所以寻求复仇，是因为人类的存在本身在可憎之事或绝对邪恶中被威胁或否定，必须重新确认对它的反对。

这种说法有两个重要的后果，尽管波伏瓦没有在这里指出来。首先，它表明人之存在——人这一特定的存在——不是给定的，而是通过确认而不断重新获得的。其次，如果重新确认"人与人之间的存在的对等性"是一种形而上学的需要——确认我们自身存在的需要——它也是道德的基础，是我们与他人的伦理关系的基础。道德最终就是这种重新确认。相比于《皮洛士与奇涅阿司》和《模糊性的道德》中的个人主义伦理，这完全不同，也更见功力。尽管像所有哲学家一样，波伏瓦借鉴了她的前辈和同时代人的思想，但她在此处的独创性——就像在其他地方一样——在于它们的大胆组合和应用。波伏瓦将黑格尔、存在主义、各种人类学对复仇和牺牲的研究结合在一起，通过对一个当代案例的反思，形成了一种关于正义的原创哲学概念。这是她在这个时期作为一个哲学写作者的独树一帜之处——她有能力展示哲学是如何活在日常世界中的，或者说日常世界是如何让我们能够在哲学上理解的。

这篇摘自《以眼还眼》的引文以两个问题结束，这正是文章其余部分试图回答的。第一，惩罚的需求是否足够有根有据？正如我们所看到的，通过表明惩罚的需求基于人类存在的本体论结构，因而是一种"形而上的"（甚至是"精神上的"）需求，波伏瓦给了我们一个肯定的答案。但是第二，惩罚的需求能得到满足吗？复仇达到目的了吗？在回答这个问题时，对严格意义上的复仇——"受害者为自己复仇"（《以眼还眼》，第250页），还有社会正义或法律准许的惩罚，波伏瓦做出了区分。她说，复仇"是个人之间的一种具体关系，就像斗争、爱情、折磨、谋杀或友谊一样"。（《以眼还眼》，第251页）在复仇中，通过这种具体的关系，惩罚与错误联系在一起，只有"基于仇恨的复仇才能真正逆转它所拒绝的情况。只有它才能在这个世界留下印痕"（《以眼还眼》，第258页）。这一点的含义是，复仇——充满仇恨和热血——确实满足了受害者的形而上学需求，因此是正当的，即使它出离了法律和道德的惯例。

另一方面，社会正义不是个人之间的具体关系，而是一种反思性的、制度化的实践，旨在以抽象的普遍原则（不可杀人，诸如此类）为名进行不带仇恨的惩罚。社会正义"不与血肉之躯的自由意识进行形而上学的斗争"。这是社会试图"维护犯罪所否定的价值观"的象征性立法。这一点在戴着假发、穿着长袍的法官的形象中，在法庭极其复杂程序的仪式中，甚为明显。问题是，这种象征性表演不是象征性地结束，而是以死亡这一具体事件为结束。波伏瓦说，审判越是仪式化，"似乎就越是可憎，因为它可能以真正流血而告终"。（《以眼还眼》，第254页）在这种情况下，被告人承担

p.39

了一个象征性的角色，"差不多总是作为抵罪的当事者而出现"（《以眼还眼》，第252页）。复仇的形而上学需求，经过第三方和不带感情的法律的过滤，无法在社会正义方面得到实现，因为在其中惩罚"失去了它的（形而上学）含义和对世界的具体控制"（《以眼还眼》，第258页）。

我们可以理解，为什么在离开法庭时，波伏瓦不再希望这个曾经让她愤怒地哭泣的人去死，为什么"喜悦之情没有在我们心中升腾"，为什么"如此热切渴求着的复仇会在我们嘴里留下灰烬的味道"。"公事公办的正义"剥夺了我们复仇的机会，而希望行可憎之事者去死的愿望，在国家批准的处决这一幌子下显得"只是一种任意施加的惩罚"。（《以眼还眼》，第254页）讽刺的是，极刑让"我们"感到愧疚。

复仇和社会正义之间的区别并没有长久地掩盖波伏瓦的最终结论：所有的惩罚都是失败的。复仇也无法实现对等性的重新确认，因为为了迫使施暴者承认他曾经否定的自由，它佯称自由的行为是能被强迫出来的（因为如果施暴者不是自由地承认其受害者的人性，复仇就是空洞的）。尽管如此，p.40在"被释放的俘虏对纳粹党卫军的监狱看守的屠杀"（《以眼还眼》，第248页）中可能有一些满足感，这种满足感是波伏瓦在罗伯特·布拉西拉赫被处决时没有感受到的。《以眼还眼》真正纠结的问题是：如果布拉西拉赫的处决没有满足重建对等性的形而上学要求，那么它是错的吗？根据波伏瓦的哲学分析，她所谓的"仁慈"的立场——那些签署赦免请愿书之人的立场——是正确的吗？面对她自己对布拉西拉赫审判结果的痛苦，尽管无法"不带着痛苦设想，对'必须惩罚叛徒'这一原则的首肯，定会令一个灰暗的早晨血流成河"——布拉西拉赫的血——波伏瓦在她的文章结尾声称，惩罚不可避免的"失败"不应该让我们停止惩罚："因为惩罚就是承认人在恶与善方面都是自由的。它是在人类使用自由的过程中区分善恶。它为了向善。"（《以眼还眼》，第259页）如果这一原则的应用导致了一个模糊或矛盾的局面——我不希望他死，但我相信他必须死——我们不应该感到惊讶，原因在于所有行动和决定的根本模糊性，或者说人类存在本身的根本模糊性。或许，我们也必须等读到《以眼还眼》才能真正理解这种模糊性的"悲剧之处"。

《以眼还眼》将哲学思辨与具体的社会评论融合在一起，出色地展示了两者相互启发、相互丰富的方式。它表明，波伏瓦实现"对形而上学现实的原始把握"的目标并不是它可能最先呈现出来的深奥筹划，而是在日常生活的具体现实中理解深刻真理的渴望。换句话说，"形而上学现实"是一种日常事务，而波伏瓦存在主义的吸引力在于能够通俗易懂地传达这种现实。

4

自　欺

p.41

　　美国是理想主义的。不管是学校、教堂、法庭、报纸、政治人物的演讲、法律条文、私人言谈、所有区域与所有阶层，美国人一再肯定载明于《独立宣言》与宪法序言的信条。它承认人类尊严的首要性，人人平等，以及人有不可剥夺的权利，如自由、公正与追求成功的具体机会。……

　　今日，这些深植于所有白人（南方人在内）心中的信念因黑人的处境而显得丑恶矛盾。没有人敢说黑人的境况、机会与白人相等。事实是，黑人感受不公平的待遇，以日益不平等的力量表达不平，使白人无法轻易淡忘。南方人开始说根本没有所谓的黑人问题，这是北方人捏造出来的神话。其实，南方人才缠绕于黑人问题，这个狡诈说法足以证明他们内心的价值冲突，他们的无知使价值观更加混淆。就因为他们仆佣是黑人，他们便自称"了解"黑人，一如法国殖民者相信他们"了解"土著一样。事实上，他们与黑人的关系极端虚假，他们不试图理解黑人仆佣的真正生活处境。但是无知不足以让他们心安理得，他们需要其他的辩护之词。为此，南方产生了一整套合理化的系统，多少也蔓延到北方，目的在于避免美国的两难之境。

p.42

最简便的方式是说服自己，黑白不平等不是人为的，而是验证了的事实，强调黑人的某些种族特质让他们在生物学层面上便次于白人。通常，某些生理特征使黑人有别于白人。这是事实。但如果说有了这些特征，便代表黑人较白人劣等，这是绝无任何证据的假设……一般来说，今日的社会与生物科学倾向于认为个人的生理、心理差异和个人的生长环境有关，而非固定的遗传因子。过去二十年里，尽管再怎么方便，也没有任何一项严肃研究敢支持生物性劣等的偏见。

但是许多种族主义者漠视严密的科学，坚称就算生物性理由不成立，事实上，黑人还是比白人劣等。你只要走一趟美国，就会被这个事实说服。但"就会"两字代表何意？它界定的是不变的物质，譬如氧气？还是它描绘的是情势发展中的一刻，一如所有人类处境？这才是问题所在。

《美国纪行》，第235-237页[1]

1947年1月，波伏瓦开始了为期四个月的美国之行，这改变了她的工作和生活。这次旅行由法国政府文化关系办公室和美国大学的各种讲座资助。虽然波伏瓦的讲座安排决定了基本行程，但她很高兴这给她留下了"机遇和创造的巨大空间"（《时势的力量》，第132页），她的行迹遍及北方和南方，以及东西海岸。此时，波伏瓦已经足够出名，吸引了知识分子和八卦专栏作家的注意。她与作家理查德·赖特和他的妻子艾伦成了好朋友，他俩把她介绍到他们的圈子里。在她旅途的大部分时间里，她的新朋友和熟人介绍的人都愿意带她参观这些城市和其他地方，尽管她很乐于独自漫无目的地闲逛。在芝加哥，波伏瓦的向导是作家纳尔逊·阿尔格伦——他向她展示了这座城市的"底层深处"（《美国纪行》，第105页）。波伏瓦与他有过一段热烈的恋情，她说这是她一生中最好的性爱。在接下来的几年里，波伏瓦几次回到芝加哥和阿尔格伦在一起，他们一起旅行，尤为引人注目

p.43

---

[1]　　中译参《波伏瓦美国纪行》，何颖怡译，海口：海南出版社，2004年，第251-253页。译文根据英译略有改动。——译者注

的一次是在墨西哥。

到1948年1月，波伏瓦回过头来创制了她第一次美国之旅的日记，后来以《美国纪行》为名出版。这本书的形式很有趣，因为它内部很复杂，是根据"笔记、信件和犹新的记忆"写成的（《美国纪行》，第15页），并以转录日记的形式呈现。它混合了不加修饰的实录——包括统计数据（如人口统计和教育状况）——和历史背景、个人印象与经历、社会文化批评。在她的自传和给阿尔格伦的信中，波伏瓦称其为"一本关于美国的书"（《时势的力量》，第131页），但它同样是一本关于波伏瓦本人的书。事实上，波伏瓦写的东西没有不涉及个人的。在某种程度上，这可能是大多数写作的真实情况——无论其表面形式多么"客观"，但在波伏瓦的作品中，它被提升到了一个有意识的原则这一层面。根据波伏瓦的说法，由于世界只向个人意识显示自身，因此不能认为个人的观点是对独立于主体性的客观现实的扭曲。相反，正是假装没有这样做，否认写作中的主观因素，才有了扭曲。

在《美国纪行》的序言中，波伏瓦强调了她对美国生活 p.44 的观察具有印象派式的和片面的性质，坚持认为"没有一部个别的作品代表不刊之论"。然而，它的价值恰恰在于这些特征："它是真实的，只是因为它囊括每一个被意识到了的独特个人处境"。（《美国纪行》，第15页）何况，事实上，第一人称视角能够让波伏瓦以巨大的力量展现美国生活的一些客观现实。当第一次在得克萨斯州遇到种族隔离的洗手间和餐厅，并注意到那些为黑人保留的"悲惨"状况时，波伏瓦写道：

> 我们明白我们已经跨过了一条界线……这是
> 我们第一次亲眼看到我们如雷贯耳的种族隔离。
> 尽管我们事先被提醒过，但我们的肩膀落上了一
> 些东西，在整个南方的旅途都变得沉重难举；我
> 们自己的皮肤变得厚重而透不过气，它的颜色令
> 我们羞愧难当。（《美国纪行》，第204页）①

这段议论结束了3月25日的日记；那天没有更多关于此
的谈论。仿佛南方种族主义的艰巨现实让波伏瓦一时语塞。
当这个话题在接下来几天的日记里又被提起时，波伏瓦穿插
了近乎冷静的描述，对白人财富和黑人贫困进行了对比——
这种历史和经济的分析，明显基于此次旅行后开展的研究。
这些描述性段落非常成功地营造了气氛，勾起了旅行者的不
适情绪：

> 突然间，在不知不觉中，我们发现自己来到

---

① 　　在这段旅程中，波伏瓦由"N"陪同，也就是她的朋友娜塔莉·索罗金·
莫法特。

了黑人区。杂草丛生、路面开裂的小巷交错的地块上，矗立着斑驳的木制房屋。有两个地方，黑色的灰烬和烧了一半的木板告诉我们最近发生的火灾。街道空空荡荡。不是在这里就是在那里，我们总看到一个黑人老人或一个胖老太太在一把可移动的阳台椅上荡来荡去。孩子们聚集在一个出售可口可乐、香蕉和糖果的售货亭周围。一个看不见的留声机的声音飘出，消失在杂草、灰烬和寂静之中。两三个黑人路过，没有理会我们。

p.45

（《美国纪行》，第209页）

在新奥尔良，数度被黑人出租车司机拒载——黑人司机载白人乘客本就是非法的，但拒载也是报复行为——波伏瓦和她的同行者"步行穿过这一敌人的领地，这一我们才是敌人的城市区域，尽管我们自己会对我们的肤色和它所意味着的一切负责"。（《美国纪行》，第228页）

随着波伏瓦在美国南方继续旅行，日记越来越多地关于种族隔离和种族歧视："美国南方的巨大悲剧像强迫症一样追着我们不放"。（《美国纪行》，第231页）在4月3日的日记中，波伏瓦开始了对白人种族主义的心理学—哲学分析，本章的选摘就来自这里。她叙述道，在她到纽约的第一个晚上，有个法国人要求她不要写任何关于"黑人问题的东西，其托词是我在短短三个月内什么都想不明白"。(《美国纪行》,第234页)虽然我们不知道她当时是怎么回答的,但现在答案显而易见:她怎么可能对此不写任何东西呢?她承认自己的经历仍然很有限(不过,仅就种族隔离这回事而言,一个人又用得着多少经历呢?)波伏瓦向我们提及纲纳·缪达尔1944年对"黑人问题"的研究——《美国的困境:黑人问题与现代民主》,这是她的主要资料。

缪达尔的著作基于1938年至1942年期间开展的研究,是对我们现在称之为美国"种族关系"的最著名和最有影响力的早期社会学研究之一。"美国的困境"是美国"信条"——波伏瓦在这段来自《美国纪行》的文字中对此进行了描述——与"黑人处境"之间的丑陋矛盾。波伏瓦随之将这个"明目张胆的矛盾"与其他矛盾牵连在一起,后者也许不那么显而易见,但重要程度不减。没有人,无论黑人还是白人,会否认美国黑人没有享受到与白人同胞同等的条件或机会,而南方白人却声称这真的没什么问题。他们声称"知晓"黑人——既晓得他是"什么",也知道他如何生活——事实上他们一无所知,也没有试着去亡羊补牢。波伏瓦说,这种有意为之的无知,不足以给南方白人带来心灵的平静,不足以克服矛盾和"他们内心的价值观冲突"。因此,需要"一整套自圆其说的体系"来为自己抵御这种内心冲突,而这种自圆其说的体系——为不平等和种族隔离辩白的种族主义意识形态——是"自欺"的一种形式,根据波伏瓦的说法，它伴随他们对问题的所有讨论。

通过在这里引入"自欺"的概念，波伏瓦将缪达尔的社会学分析与她自己的存在主义完美地融合在一起。"自欺"是萨特《存在与虚无》的一个中心主题，这一范畴在其中得到了第一次展开的哲学论述。它的意义取决于萨特和波伏瓦共有的对人之存在的基本描述。在萨特的版本中，作为彻底自由的存在者（形而上学意义上的自由），我们为我们的选择承担全部责任，无论这些选择是微不足道的还是事关重大的，也无论这些选择是在什么处境下做出的。这种不折不扣的极端立场比它初看起来更具说服力。因为尽管我们可能倾向于认为，在某些处境下，我们的选择和行动是被外部因素强迫的，从而减轻了我们行事的责任，但有简单的例子可以说明为什么我们没必要这样想。例如，如果有人用枪指着我的头，我被迫把我的包交给暴徒，但我依然是自由地做了这件事，因为我可以选择不这么做。比如，我可以拒绝（尽管，考虑到这一选择有可能带来伤害或死亡，这是一个愚蠢的选择）。承认我自由地把包给了抢劫犯，并不意味着我有罪或对暴行负责，这只是意味着我在坏处境下理性地做出了选择。但萨特认为——对任何既定问题进行诚实的反省可能会向我们证实这一点——大多数时候我们宁愿假装我们对自己的选择不负有责任，尤其是当这意味着我们必须对"自己是谁"负有责任。当我们不承认我们的自由和责任，而是为我们的选择找借口或其他解释时，我们就陷于"自欺"了。

p.47

因此，自欺即对自己的一种欺骗。

波伏瓦将哲学带入现实的本事体现在她将自欺的概念应用到对美国南方种族主义的分析中。波伏瓦认为，种族主义的南方人陷于自欺之中，因为他们拒绝为黑人的处境担责。历史上，是白人贸易者将黑人奴隶带到了美国，种族不平等——经济和社会上的——是这种奴隶制的遗产。更重要的是，正是白人令现今的情况持续。他们自欺的具体形式是：否认这种情况是人类有意为之的结果。波伏瓦说，他们认为这是对一个既定事实的确认：与白人相比，也就是说与他们自己相比，黑人天生就低劣一等。这种生物学种族主义——没有科学依据——试图通过诉诸波伏瓦乐于承认的事实来为自己辩解：人与人之间的生理差异。但是，这些不可否认的生理差异意味着一种劣等与优等的关系，这一种族主义假设是错误的，因为它毫无根据。波伏瓦继续主张一种生物学和社会科学的共识，即生理和心理差异是由环境而不是由遗传决定的。由此，我们可以确定这段引文带来的两个不同的问题。第一，生理差异是如何被种族主义者解释为劣等和优等的？第二，是什么导致了这些生理和心理差异？

p.48

引文的最后一段明摆着——也许令人惊讶——波伏瓦关注的是问题中的第二个。当我们理解了波伏瓦在这里所说的话时，我们可能会对她的立场感到极度不适。波伏瓦说，种族主义者坚持认为，"即使生理原因尚未获得一致认可，但事实就是黑人劣于白人"。可是，波伏瓦问，在黑人低劣一等的说法中，动词"是"是什么意思？它是在描述一种固定的、不可改变的事物状态（就像说起"我是一个人"），还是在描述现在恰好是这种情况并且很可能会改变的事物状态（就像说起"我饿了"）？波伏瓦认定，种族主义者的自欺使他们认为黑人的劣等是一种具有生物学基础的永久状态，它"不是人的意志造就的"，因此贯穿人类历史，而是"仅仅证实了一个既定的事实"。波伏瓦总结道，可事实的真相是，黑人的劣等只是"一个已经变化的境况中的片刻时光，就像每一种人类境况一样"。波伏瓦并不否认黑人劣于白人，她只是否认这种劣等是由生物学决定的，因而无从克服。自欺不是白人对黑人的劣等深以为然，而是拒绝为其社会—历史根源承担责任。这就是为什么种族差异的原因对波伏瓦来说是一个重要问题。

　　单独来考虑，此处波伏瓦的论点的哲学表达形式是无可指摘的。这建立在她对动词"是"的语义多重性的存在主义式敏感性之上。在波伏瓦的后期作品中，这种敏感性与其他主题的关系越来越复杂，这是她最具原创性的思想之基础。但是这个论证的前提是混淆的，是极有问题的。在这篇引文中，波伏瓦的分析从对经济和社会不平等的讨论转移到对种族劣等性的讨论，因为对后者的深信，以及所谓的生物学理由，是种族主义自欺的一种形式，带着自欺，白人在讨论中试图说服他们自己这一境况的天然性。波伏瓦后来对黑人低劣一等的"事实"的接受——这成了她论证的主要前

p.49

提——没什么可辩白的。在她的存在主义哲学框架下，我们可能更期待波伏瓦从劣等和优等的角度谈一谈对现有生理差异的解释（在这种讨论中，这些差异的根源是无关紧要的），或者指出使用"劣等"和"优等"的价值判断来指称人类的所谓属性——似乎是为了"确认一个既定的事实"——涉及哪些错误。也就是说，"劣等"和"优等"的价值判断属于做出评判的人，它们不是受到评判的对象的客观性质。没有将此认定为种族主义自欺的另一个方面，波伏瓦倒是实打实地显露了她自己在这个问题上的自欺。

　　不管怎么说，波伏瓦所讨论的南方种族主义的自欺和她自己的自欺之间有着巨大的差异。前者是在自我辩解的背景下出现的，作为一种防御机制，不仅要用来减轻种族主义者的责任之重担，而且要用来减轻其自我反省的重担。另一方面，后者出现，波伏瓦反思她自己在种族主义社会中的地位。尽管她大可以装出一副事不关己的姿态，并声称作为一个美国的外来者，她只是其种族关系的外部观察者，但她还是承认，在穿行南方的旅程中，她已经成为其中的一部分："我们身不由己地成了敌人，我们对我们的肤色及其所蕴含的一切负责。"波伏瓦痛苦地意识到她作为白人女性在南方享有的特权，几次试图跨越种族鸿沟——比如，她去了新奥尔良的一个黑人舞厅，但她发现一个欧洲知识分子的善意并不能奇迹般地分开仇恨的水域，或是让种族主义和种族隔离的巨大社会—历史包袱卸下。

在《美国纪行》中，对种族隔离议题的直白介绍及小心翼翼而又日渐增多的呈现，证明了波伏瓦的犹豫不决，因为她提及的主题，她从前知之甚少，但有关于此的有限经验是强烈的。她认为与经验的重要性相比，知识的缺乏无足轻重，这表明了经验中的个人因素可能揭示了什么才是最具客观价值的。而我们现在可以看到法国人在纽约的托词——别写"黑人问题"；你不可能在仅仅三个月内对它有所了解——这是对自欺的招引。他似乎在说，你可以声称环境令你写不了它——你可以说你知道得不够多，以此为自己不写它的决定开脱。她拒绝了，由此赢得了巨大的赞誉，也因此使自己暴露于后来者的批评之下。

5

"女人"

p.51

　　首先要问：女人是什么？"Tota mulier in utero"，有人说，女人就是她的子宫。然而，那些行家谈到某些女人时断言：她们不是女人，虽然她们也像别的女人那样也有子宫。人们一致承认，人类之中有女性：今日同过去一样，她们几乎构成人类的一半；不过，有人对我们说，女性处在危险中；有人勉励我们：做女人吧，始终做女人，成为女人。因此，并非一切女性必定是女人；她必须具有这种神秘的、受到威胁的实在，也即女性气质。女性气质是由卵巢分泌出来的吗？抑或是一种柏拉图式的本质，一种哲学想象的产物？是否只消一件窸窣响的衬裙，就可以让它降落到人间？……

生物学和社会科学不再承认存在固定不变的实体，能确定诸如女人、犹太人或者黑人的特性，生物学和社会科学将特性看作对处境的次要反应。如果说今日女性气质不再存在，那它就从未存在过。但"女人"这个词，是否也就没有具体含义了呢？这正是启蒙哲学、唯理论哲学、唯名论哲学的拥护者所竭力断言的；女人在人类中仅仅是"女人"这个词随意指定的那一部分人……

p.52

但唯名论是一种有点昙花一现的学说，而反女性主义者振振有词地指出，女人不是人。女人肯定像男人一样也是人，但这样一种论断是抽象的；事实是，凡是具体的人总是单独被确定的。拒绝女性、黑人灵魂、犹太人性格的概念，并非否认今日有犹太人、黑人、女人……事实上，只要睁眼一扫就可以看到，人类分成两类个体，其衣着、面貌、躯体、微笑、举止、兴趣、消遣，都迥然有别。也许这些差异是表面的，也许它们注定要消失。可以肯定的是，眼下差异的存在是显而易见的。

即令女人的职责不足以界定女人，纵然我们也拒绝以"永恒女性"去解释女人，即令我们承认，哪怕是暂时的，世间存在女人，我们依然要提出这个问题：什么是女人？

《第二性》，第13-15页①

　　什么是女人？波伏瓦大概是第一个认真而不带偏见地，也就是不预设答案地问出这个问题的西方作家。1946年，波伏瓦想写自己。在与萨特一起琢磨这个想法时，第一个问题出现了："作为一个女人，对我来说意味着什么？"正是因为她以前从未想过这个问题——"对我来说，"我对萨特说，"你几乎可以说它不曾成为问题"——她对这个问题的研究是"一个启示"。（《时势的力量》，第103页）放弃了个人研究的想法后，波伏瓦转而去了国家图书馆读书，研究"女性气质的神话"。仅仅三年后，波伏瓦惊人的研究能力得到了证明——《第二性》的第一卷出版，这几年里，她还写了《美国纪行》和各种其他文章，并编辑了《摩登时代》。

　　毫无疑问，《第二性》是20世纪最重要的著作之一。这

①　　不幸的是，H. M. 帕什利1953年对《第二性》的英译本存在严重缺陷。它是波伏瓦原著的删节版（删减了约15%的内容），系统性地误译了哲学术语，经常将波伏瓦的观点翻译成完全相反的东西。然而，拥有翻译版权的出版商（Knopf）不允许重译。因此，我不得不使用帕什利的译文的选摘，选择这样做，以避免最糟糕的问题。——原书注
中译参波伏瓦：《第二性I》，郑克鲁译，上海：上海译文出版社，2011年，第5-7页。译文根据英译略有改动。此引文和下文都统一把woman翻译为女人，female翻译为女性，以示区分。——译者注

p.53

是20世纪下半叶促使西方社会转变的女权运动的最重要文本，并持续在世界各地被人们如饥似渴地阅读着。1986年波伏瓦去世时，数千人跟在她的葬礼队伍后面游行。学者、杰出的女权主义者、来自各大洲的妇女团体代表团、不起眼的巴黎人和形形色色的崇拜者在她的坟墓上把鲜花堆得老高，人数之众还惊动了警察。法国作家和女权主义者伊丽莎白·巴登特用她的说法总结了许多人的感受："女人，你的一切都归功于她！"①尽管波伏瓦直到20世纪70年代才公开宣布自己是女权主义者，但她最后的岁月里一直为女权主义议题奔走呼号，不分国界地维护女性，并对女性从《第二性》中获得的启发感到高兴——尽管仍多多少少有点惊讶。这本书汇集了大量历史的、人类学的、文献的和轶事的证据，描述并分析了从史前到1949年间女性的境况——非常克制而毒舌，又才思敏捷。第一卷《事实与神话》认为女性是双重意义上的客体：历史研究的客体和（男性）神话与幻想构建起来的客体。第二卷《实际体验》描述了女性作为主体，出于自身视角而发现的自己身处的那个世界。有个基本问题一再出现：束缚女性自由的限制——身体的、经济的、社会的、心理的——是什么，以及它们能被攻克吗？

在《第二性》中，波伏瓦是无畏的。她论及她那些布尔乔亚同时代人所不齿的话题（例如，堕胎和女同性恋），并

---

① 　　9: Bair, Simone de Beauvoir, p.617.

p.54

招致他们道貌岸然的愤怒，因为她以洞明的诚实——而非感情用事地——书写他们最引以为珍的主题（特别是母职和婚姻）。虽然第一卷的出版在某种意义上是一个巨大的成功（它卖得很好，并使波伏瓦出名），但波伏瓦同样受到了谩骂和侮辱。当作品选摘首次发表在《摩登时代》上时，评论界和公众的反应是异乎寻常的：

> 在鞭挞我的观点的旗号下，下流文字蔚为大观！古老的优秀"高卢精神"滚滚而来。我收到顺口溜、书信、讽刺小品、忠告和劝诫，有的匿名，有的署名，例如，有一封信署名为"第一性中的几位活跃分子"。欲求不满，性冷淡，色情狂，女同性恋，流产一百次，说我是什么的都有，甚至是一个未婚妈妈。（《时势的力量》，第197页）

波伏瓦写道，如此评论出自某一撮人，也许尚可预料，但出自天主教小说家与诗人弗朗索瓦·莫里亚克，就始料未及了。"你那老板的阴道对我不再是秘密"，他读过《第二性》的选摘后，在给《摩登时代》的一位撰稿人的私信中这么写道，尽管当波伏瓦和萨特在下一期上登载他的评论时，他可能得追悔莫及。

毫无疑问，这些形形色色的抨击的始作俑者非常确定他们完全知道什么是女人，尤其是因为他们确定波伏瓦在某种程度上越过了一个女人应有的行为界限。这一章的摘引选自《第二性》导言的开头几段，揭示了从这种自以为是的推断而来的声明中的混乱和矛盾。波伏瓦引用了那些自以为了解女人的人可能会说的话。她的第一个观点是，这些司空见惯的话语本身，每一句都呈现了再真实不过的东西，即心照不宣地假定了两个他们明确视之为等同的类别——女性和女人——之间的区别。

例如，"女人就是她的子宫"这一观点的隐含意思是，p.55"女人"应该被理解为纯粹的生物学术语。这转化为日常的假设，即"女人"是用于人类物种中的雌性的术语。男性和女性的区别——性别差异——是基于双方在繁殖中的不同角色。"女人就是她的子宫"这一说法把女人简化为她的生殖功能，这意味着她仅仅是一个物理实体，而不是智识实体。然而，波伏瓦继续说道，自称"女人研究专家"的人（不幸的是，法国从来都不缺这种专家）很乐于宣布某些完全拥有子宫的女性"她们不是女人"，或者说也许不是"真正的"女人。因此，如果有一些女性仍不能被说成是女人，那么大众观点本身就假定了生物类别（女性）和意识形态类别（女人）之间的区别。虽然此区分不是波伏瓦的理论创新，但《第二性》的哲学原创性在于她试图引出其中隐含的真理，并试图回答作为一个女人意味着什么的问题。波伏瓦不打算做个人忏悔式的课题——"作为一个女人，对我来说意味着什么？"——因为她明白这种更为总体的处置是前者的必要决绝条件。

如果所有的女人都是女性，但不是所有的女性都是女人，那么那些同时身为女人的女性身上一定添加进去了些什么。这到底是什么？波伏瓦讥讽"女性气质"这一空洞的概念，据说这是女人味的神秘因子，但这种讥讽有其严肃之处。虽然它没有提到任何实实在在的东西，但"女性气质"的观念在划定对于女性的可接受的行为和期望方面起着至关重要的作用，这解释了为什么波伏瓦的同时代人可以看到它的存在受到女性日益解放的威胁。当波伏瓦说"生物科学和社会科学不再相信决定某个特征的永久不变的实体的存在，如女人、犹太人或黑人的特征"时，她的意思是我们不再相信诸如"女性气质""黑人灵魂"或"犹太人特征"等虚构实体是使女人、黑人或犹太人成为女人、黑人或犹太人的所有特征的成因。这里"女性气质""黑人灵魂"和"犹太特质"的并举很有趣。毫无疑问，萨特在1946年的《关于犹太问题的思考》（1965年以《反犹主义者与犹太人》为题译成英文）中反对决定性的"犹太本质"的观点有很大的影响，且有充分证据表明，缪达尔的《美国的困境》是《第二性》的效仿对象。（1947年，波伏瓦写信给阿尔格伦说，她希望当时正在写作的《第二性》能像缪达尔关于美国黑人状况的书一样重要。《心爱的芝加哥人》，第116页）

p.56

波伏瓦的比较并不完全成功，主要是因为犹太人或黑人的例子中，不存在一个相当于女性这一范畴的生物学范畴，而"女人"正是从这个范畴中被区分出来的。不管怎么说，它确实有一个优点，就是展示了这种存在主义分析的总体范围。虽然她的具体主题是"女性"，但她提出的许多问题也可以适用于其他社会群体。事实上，弗朗兹·法农的《黑皮肤，白面具》（1952）确实对"黑人的生活经验"①进行了类似的存在主义分析，探问作为一个黑人在种族主义的欧洲及其殖民地生存意味着什么。有趣的是，尽管《第二性》对20世纪和21世纪的女权运动产生了全球性的影响，但并没有专门一个存在主义女权主义的重要哲学传统从它那里产生。更确切地说，从波伏瓦那里受益匪浅的女性主义哲学，正如我们将在关于《第二性》的章节中看到的，是她的一些主要洞见在其他向度的发展。无论如何，主要在美国的黑人存在主义传统，是存在主义哲学的政治遗产中最重要的部分之一。

波伏瓦对女人、黑人和犹太人的比较中最重要的一点是，在任何情况下都没有神秘的决定性本质，典型的（非生理）特征应被理解为"对一种处境的反应"。因此，不是"女性气质"使女性成为女性，而是她们的处境。"处境"一词在存在主义哲学中有特定的含义。它指的是人类个体存在的背景，在此背景之下，也在与此对抗之中，自由彰显了自身。一个人的处境包括他的存在中所有那些没得选择的方面。其中一些是显而易见的：例如一个人的出生条件（地方、时代、家庭），或一个人的具体肉身形态（包括性别及

p.57

---

① 这是法农的《黑皮肤，白面具》（trans. Charles Lam Markmann, Pluto Press, London, 1986）第五章的标题。不幸的是，Markmann的翻译在存在主义词汇方面犯了许多与帕什利的《第二性》翻译相同的错误。

身体健全或残疾）。然而一个人的处境也包括他的过去——因为尽管我们对自己的过去负有责任，但它是不可改变的，还包括社会和文化之类不太容易具体化的条件。在存在主义哲学中，处境和自由的概念最终是不可分割的，这一点很重要。人类的自由，不同于上帝的全能，只有在与处境的关联中才能实现。这处境，类似于空气的阻力让鸟儿得以飞翔。反过来说，谈论一个自由的存在者的处境才是有意义的，或者说，一个处境只有在它与自由的关系中才能被揭示出来。

　　萨特和波伏瓦都认同"处境中的自由"这一概念，但在一个关键点上存在分歧。对萨特来说，任何处境都不会动摇人类自由的绝对本质。无论一个人的身体或社会自由受到多大的限制，在可以想象的最糟糕的处境下，作为人的本体论自由永远不会折损。尽管波伏瓦没有走到论证本体论自由可以被消灭或完全压制的地步（鉴于她将人类定义为自由，她怎么能这样做呢？），但她与萨特不同，她在存在主义分析中更多地强调处境的重要性。[1]这是她对存在主义哲学最重要的贡献之一，也是评论者认为很难驳斥的一点。波伏瓦声称，在某些情况下（例如奴隶制下），谈论本体论自由，说得好听点也是多此一举的。此外，与萨特不同，波伏瓦赋予

[1]　Sonia Kruks 的《波伏瓦：处境的分量》(in Elizabeth Fallaize, ed., *Simone de Beauvoir: A Critical Reader*, Routledge, London and New York, 1998) 对这一点进行了详细的阐明。

了这种处境一种解释的价值，正如《第二性》中的引文所示。我们必须着眼于处境，以理解是什么使人类女性成为一个女人。

只不过，如果处境的概念为我们提供一个人类女性可以成为女人的背景，它仍然没有回答引文开头（和结尾）的问题：什么是女人？为了理解这个问题的要害所在，我们需要回到波伏瓦在《美国纪行》中提出的更根本的问题："动词'去存在（to be）'是什么意思？"虽然它很少或者没有明确在《第二性》中被提及，但我们认定这个问题在存在主义哲学中是重要的，这是由于德国哲学家马丁·海德格尔的影响。在他最著名的作品《存在与时间》（1927）中，海德格尔指出，尽管在所有印欧语言中，动词"是（be）"的变体为我们提供了也许是语言中最不可或缺的要素，但我们之中有谁能说出"是（be）"这个小词的实际含义呢？当然我们都理解使用动词部分的短语［"it is raining"（下雨了）；"I am sad"（我难过）；"is this OK？"（这样可以吗？）；"how are you？"（你好吗？）］，但根据海德格尔的说法，我们仍然不能说出"存在（being）"是什么意思，于是这变得更加非同寻常。此外，对存在（being）意义的任何探究都受困于循环性，因为"存在（being）的意义是什么？"这个问题，已经在我们对"是（is）"词的使用中预设了对存在的理解。

根据海德格尔的观点，探讨存在（being）的意义问题是如此的困难，以至于我们只能从问这样的问题开始："存在

（being）"相对于一种特定实体——我们自己①——意味着什么。海德格尔将"存在"（existence/Existenz）这一术语留给我们自身这一实体的存在，并将对其基本特征的探究称为"存在分析"，这就是波伏瓦和萨特存在主义的哲学模式。虽然，对海德格尔来说，"存在分析"只是理解存在本身（他称之为"基础本体论")的一个步骤，但对波伏瓦和萨特来说，"存在分析"本身就是一个目的。

p.59

海德格尔在《存在与时间》中的第一个主张是，坚称我们自己这类实体的存在——用波伏瓦的话来说就是人之存在——有别于其他类实体的存在，如椅子和桌子。尽管这一本体论上的差异似乎很明显，但海德格尔认为，哲学史和基于哲学史的话语（也就是说，对海德格尔来说即所有话语）都为一直以来的错误倾向所败坏，即用不适合人之存在的术语，却用只适合桌椅等东西的术语，来思考人之存在。简而言之，这意味着哲学、社会科学和人文科学的根本错误是，它们倾向于把人当作桌椅一样的东西来讨论，尽管人要复杂得多。但是，《存在与时间》试图以适合人之存在的独特术语来思考它，也就是说，更确切地说，从存在的角度来思考它。

① 拖累我们对传统术语的使用的哲学包袱，是海德格尔急着摆脱的，于是他避开了英语"人"的德语对应词，将我们自己所是的实体称为"Dasein"（此在）[一个通常在英语里会被翻译为"existence"（存在）的普通德语单词]。与她同时代的大多数人一样，加之没有海德格尔在语言上的顾虑，波伏瓦将"Dasein"翻译成法语"l'existence humaine"或"la réalité humaine"——"人之存在"或"人之实在"。

波伏瓦视这种哲学背景为理所当然。因此，"什么是女人？"这个问题不是一个类似"什么是椅子"或者"什么是桌子？"那样的问题。它并没有要求我们列出共同构成"女人"这一事物的属性或特征。它没有要求我们给"女人"一词下定义。它问的是：作为一个女人而存在，是什么意思？当人之存在正是一个女人的存在时，这对人之存在有什么影响呢？这是一个"存在"问题。但波伏瓦远远超越并含蓄地批判了启发她的哲学。对海德格尔来说——继他之后，对萨特来说也是如此，人之存在是从如下事实中抽象出来的，这一事实如波伏瓦所说，"人分两类"，男人和女人。对海德格尔来说，这种划分不是根本的；对萨特来说，它没有动摇人的本体论自由，在他的哲学中没有作为分析对象出现。根据这处引文的证据，我们不得不得出这样的结论：对波伏瓦来说，海德格尔和萨特的分析——实际上还有她自己的早期工作——在某种程度上与她在上述引文中批评的"启蒙哲学、理性主义和唯名论的支持者"一样，是一种有害的抽象，因为他们过度概括了人的概念。

p.60

尽管波伏瓦坚持认为"存在分析"中男女之分的重要性，但女性和女人的概念区别总在提醒我们，"男人"和"女人"是有待阐明的范畴。"男人"和"女人"不仅仅是男女性别划分的不同术语，更重要的是，根据波伏瓦的说法，后者可以通过拥有某些属性来识别："男人"和"女人"是由他们在生殖中的不同功能来定义的。此外，我们应该注意到，男性和女性之间的明显区别在这里以一组相当奇怪的标志来说明（"衣着、脸、身体、微笑、步态、兴趣和职业"），这些差异的地位立即受到质疑。尽管引入了处境的范畴，这篇引文并没有回答它的基本问题——什么是女人？而是坚持重申它的哲学相关性。这样，《第二性》中的这些段落开启了一个全新的领域：对性和性别的哲学分析。在其首次出版超过五十年后，波伏瓦的创举的全部含义还有待理解。

6

他 者

p.61　什么是女人？……

　　我问出这个问题，这一点本身就很重要。一个男人不会想到去写一本男性在人类中占据的特殊位置的书。如果我想做界定，那么我不得不首先声明："我是一个女人"；这个事实构成一个基础，任何其他的论断都建立在这个基础之上。男人永远不会一开始就自称是某种性别的人：他就是男人，这是毫无疑问的。像在法律文书上，男性和女性这两个词被对称地使用，这纯属形式。两性的关系不是正负电极的关系：男人同时代表阳性和中性……女人是作为负极出现的，凡是限定词对女人来说都是限制，没有互逆性。有时候，我在抽象概念的讨论中听到男人对我说："您这样理解，因为您是一个女人"，我感到很恼火；我知道，我唯一的捍卫方法就是这样回答："我这样理解，因为事实如此"，这句话取消了我的主体性。我不能这样反驳："您意见相反，因为您是一个男人"，大家都知道，作为一个男人的事实没有特殊性。一个人做男人，他自是对的，而做女人则是她的错。这等于是说，正如古人那样，先有一条绝对的垂直线，才能界定斜线，先有了绝对的人类类型，也即男人……"女性之为女性，是由于缺乏某些品质，"亚里士多德这么说，"我们应该把女人的特性看作要忍受天生的不完善。"随后，圣托马斯也断定，女人是"有缺乏的人""意外的"存在。《创世记》的故事所象征的意义也是如此：按波舒哀的说法，夏娃是用亚当"多余的骨头"所造。

p.62

于是，人类是男性，男人不是从女人本身，而是从相对男人而言来界定女人的；女人不被看作一个自主的存在……女人是由男人决定的，除此之外，她什么也不是；因此，人们把女人称为"有性者"，意思是说，在男性看来，她本质上是一个"性的存在"。对他而言，她就是性——绝对的性，如此而已。她相较男人而言，而不是他相较她而言确定下来并且区别开来；她面对本质是非本质。他是主体，是绝对——她是他者。

——《第二性》，第15-16页[1]

虽然《第二性》的核心哲学问题是"什么是女人？"——特别关注女人，如果认为这是一本专为女人而写的书，那将是一个严重的误解。这种倾向源于一种偏见，即"性别"是一个女人问题，而不是当代男女处境的一个基本方面。波伏瓦问题的基本形式同样与"第一"性直接相关：什么是男人？什么是作为一个男人而存在？当人之存在就是指男人的存在时，这对人之存在有何影响？规定、限制男性的行为和对男性的期望的男子气概神话是什么？随着西方社会的女孩在学校的表现开始超过男孩，随着养家糊口和担当家长的传统男性角色变得过时，随着相信男性优越性的舒适区变得荒谬，可以说这些问题今天对"男人"提出比对"女人"提出更重要。否则，我们如何避免这样的风险，即不假思索地退回到夸张的前女性主义形式的男子气概？也许波伏瓦分析的最重要的一课是，如果我们不先问问自己，我们把孩子培养成男人和女人是什么意思，那么我们就会以惊人的盲目来培养我们的孩子——男孩和女孩。

[1]　中译参波伏瓦：《第二性Ⅰ》，郑克鲁译，上海：上海译文出版社，2011年，第7-9页。文本根据英译略有改动。——译者注

具有讽刺意味的是，一开始对《第二性》批判性回应并没有认识到波伏瓦的研究的大致范围，他们也没有意识到这与男性的相关性，而这一点在书中做出了预测和解释。事实是，虽然我们可以问这些关于"男人"的问题——这是一种明显不同的哲学可能性——但我们通常不会问，因为男女处境之间关系的基本结构阻止了这种做法。①总之，这是本章引文的要点，也摘自《第二性》第一卷的导言。

　　波伏瓦的开篇观点让我们回到了《第二性》的创作缘起，波伏瓦意识到，要写自己，她首先要写出作为一个女人意味着什么。事实证明，这个要求是一把双刃剑。她说，波伏瓦有义务宣布她是一个女人，而在类似的情况下，没有男人会有义务宣布他的男人身份。萨特会向他的男性朋友暗示，要写他自己，首先需要他们写出作为一个男人意味着什么吗？很可能不会，但这并不意味着他给了波伏瓦不好的建议。因为这项义务揭示了对波伏瓦来说至关重要的东西：男女之间的"存在关系"——以及社会和经济关系——的不对等。一方面，这个要求被视为一种负担。不管她喜与否，她是一个女人，这一点构成了所有其他要求的基础。其结果是，它让烦人的男人说"你这么想，全因为你是女人"。另一方面，她是一个女人的事实是她独特处境的最影响深远的

① 20世纪90年代的男性气概研究认识到需要重新思考作为一个男人的意义，但其分析主要是心理学和社会学的。存在一本体论的问题——什么是男人？——尚未有任何经得起推敲的学术研究。

方面之一，承认这一点的能力使她能够写出20世纪最重要的著作之一。在这段引文中，事实上还有《第二性》的其余部分中，这种义务的矛盾本质是一种建设性的张力。

对波伏瓦来说，男人和女人之间的不对等是这两个术语含义的组成部分，但必须时刻牢记，波伏瓦在这里从来没有谈到不变的本质或"自然"事实。这种不对等构成了男人和女人各自是什么，但他们的存在不是固定不变的。这种不对等最明显的形式语言上：在不同的语言中，阳性代词或名词泛指所有人，男人和女人。几个世纪以来，这一直被认为是一个无意义的语言事实，但波伏瓦解释了使用一般阳性的"存在上的意义"，而任何否认其相关性的人都不得不用这些术语回答。波伏瓦认为，语言用法肯定了男性"构成了一种绝对的人类类型"，它定义了衡量非男性的标准。在上面波伏瓦从西方宗教、哲学和文学中摘取的例子中，她提到了这种观点的一些著名支持者。这并不是因为她认为她同时代的许多人实际上以同样的形式赞同这些观点，而是因为他们以特别鲜明的措辞表达了依赖和独立的不对等关系，而这正是男女不同处境的特征。

女人不如男人或是从男人派生出来的，这种观点无论《创世记》或亚里士多德是在何种意义上认定的，它都是指这样一种观念形式——男人可以用自己的方式来思考，而女人只能在与男人的关系中被思考。在男人女人的关系中，男人是"本质性的"用语，而女人是"非本质性的"用语。男人是人类的实体——这里的"实体"是指独立于其他事物而存在的东西，而女人是"属性"，这是一个哲学术语，指这样一些东西，其本身不具有独立或自足的存在。在用这些术语（本质性的/非本质性的、实体/属性）来描述男人和女人的处境时，波伏瓦是在模仿那些从固定的本质或本性方面误解和歪曲人类的哲学话语。无论如何，鉴于这些哲学话语促成了当代男女处境的形成，波伏瓦能够用存在主义的术语重述它们的影响：男人是*主体*，女人是*他者*。

p.65

按照波伏瓦的说法，"*他者*"的范畴（波伏瓦通常将这个词大写）是"与意识本身一样原始"的。（《第二性》，第16页）这几段话基于对黑格尔哲学某些方面的解释，并拓展了这一主张。根据黑格尔在《精神现象学》中的观点，一个有自我意识的存在，只有首先被另一个自我意识所承认，才能承认自己是如此的存在。然而，这种承认不是轻易给予的，它必须靠赢得。这是因为，按照黑格尔的说法，第二个自我意识对第一个自我意识的自由和欲望施加了限制，反之亦然，从而带来黑格尔所谓的"承认的斗争"。这场斗争的第一个解决方案是在黑格尔著名的"统治与奴役的辩证法"中提出的，这也被称为主奴辩证法。意识到一个死掉的对手不能承认胜利者，一个自我意识占据了主人的位置，迫使另一个——在对自己生命的恐惧之中——进入奴隶的位置。然而，这对统治者来说是一场有名无实的胜利，他承认奴隶的不自由的自我意识，但这么做他是得不到满足感的。事实上，对黑格尔来说，当奴隶认识到他自己在他的劳动产品中的"客体化"（即，以客体的形式外化），以及他的劳动改变这个世界的方式时，奴隶替主人承担的劳动提供了更多的满足感。即便如此，与主人相关的奴隶的地位，只是这个过程的最终结果的一系列转变中的一个阶段：自我意识的相互承认。

p.66

虽然黑格尔在对这种辩证法的叙述中使用了具体的历史—社会范畴，但它并不打算描述任何实际的历史事件或时代。20世纪30年代，俄国流亡哲学家亚历山大·科耶夫在巴黎发表了一系列有影响力的演讲之后，一种对主奴辩证法的存在主义解读（相对于历史解读或纯概念解读）在法国知识界占据了主导地位。黑格尔的说法被认为是理解自我意识之间、个体人类存在之间的相互构成关系的典范。由于科耶夫对萨特的影响，在萨特的《存在与虚无》中，为获得承认而斗争的思想是对人类关系描述的核心，而波伏瓦在很多方面都得益于这本书。对萨特来说，斗争的结果永远不会是相互承认。按照萨特的说法，永无止境的斗争只能导致一种意识被另一种意识暂时客体化，处于永久不稳定的跷跷板或争权夺利之中。对萨特来说，可能的关系，不会存在于主体与主体之间，只会存在于主体与客体之间。从最早的作品开始，波伏瓦就不同意这种悲观的、近乎自闭的人类关系的解释。例如，在《以眼还眼》中，波伏瓦将对相互承认他人自由的肯定称为"正义理念的形而上学基础"，将对其的否定称为"最根本的不公正形式"。（《以眼还眼》，第249页）在

《第二性》中，波伏瓦接受"我们在意识本身中发现对所有其他意识的根本敌意"，但仍然坚持认为"个人和群体有义务认识到他们关系的对等性"。（《第二性》，第17页）

波伏瓦（在这一点上，她比萨特更了解黑格尔）并不认为奴隶和主人之间的敌对和不平等关系是人类关系中的必然形式，所以男人和女人的处境让她觉得奇怪和不公平。用波伏瓦的话来说，成为一个主体，就是认定自己是另一个主体的对立面，或与之对等，作为一种自我意识和自我决定的自由。成为他者就是被另一个主体认定为是一个具有无可更改的可能性的客体。这种特定的他者概念是波伏瓦的创新。（黑格尔和萨特的著作中都有"他者"的概念，但都不能与波伏瓦的概念精确对应。）它描述了一种存在的降格，一种主体自身的降格性转变。诚然，处境是矛盾着的。在被认定为他者的过程中，主体体验到它自身——在其存在之中——就是一个客体。这不同于每一个主体在自我反思或自我认识的日常结构中，从认识论上将自己视为客体的方式。正因为这是一种存在上的转变，被认定是他者，对波伏瓦来说，涉及主体自由的限制；在萨特看来，则是不可能的。有趣的是，《第二性》中描述的他者的堕落状态，正是波伏瓦早期作品中从愤怒和仇恨中唤起的复仇欲望，其或复仇需求。瓦莱丽·索拉纳斯在她1967年的《南加州大学宣言》[1]中把这

p.67

---

① 　　　现可见于womynkind。

种联系说得明明白白。

通过引入他者的概念，《第二性》为"什么是女人？"这个问题提供了一个初步答案。她是他者。作为对一个存在主义问题的存在式回答，这是对女性处境的历史性声明，并不涉及对本质观念的认信。该主张的理由在《第二性》接下来的650页内容里。在往往惹人不快的细节中，波伏瓦罗列一个接一个的例子，持续地搜罗欧洲历史上女人处于次要地位的证据，她们作为法律主体的地位被抹杀，她们仅仅作为财产或动产的地位，她们作为劳动力时受到的特殊剥削，等等。她记录了不经意的厌女和对女人的蔑视，以及充斥在（主要是法国）男性撰写的文学中的荒谬而有害的关于"女性气质"和"女性身份"的神话和幻想。她讲述了小女孩被教导成为女青年的过程中，活力、雄心和自由被逐步但决定性地压制；在将异性关系视为对女性的"占有"的主流观点中，所有青少年和成年人（男性和女性）的性行为都变得不完整；在婚姻"命运"的绝路上，制度化地放弃女性的力量和欲望；在当前的境况下，做母亲不可能成为自由选择的计划；年纪渐长的女人和老年女人的社会恐惧；以及在绝望之中，这种压迫带来的典型的女性性格类型。正是法国女人新生出的对所有这些的反对，以及她们对某些基本权利（投票权、避孕权）日益增长的要求，引发了男性对"被称为'女性气质'的神秘的威胁性事实"的焦虑，对此波伏瓦在《第二性》中进行了嘲讽。

然而，作为一种历史主张，女性是他者，这一观点会立即导致今天的读者质疑其当代相关性。在"独立的女人"一节中，波伏瓦自己展望了一个不同的未来，她自己的生活在某种程度上可以作为解放了的女性的典范。部分归功于《第二性》，至少在西欧，这个未来还没有到来吗？我们是否仍然需要女性主义政治，或者像一些理论家和记者现在喜欢宣称的那样，我们生活在一个"后女性主义"的世界里？

　　当然，"女人是他者"这一说法的普遍性，是言过其实的。但是，认为几千年的历史可能被几十年一致努力的女性主义推翻的想法，至少可以说是幼稚的。它还对一些基本事实视而不见，被某些形式上的平等（投票权等）所蒙蔽，为某些新奇的社会自由（特别是性和行为自由）所陶醉。为什么照顾孩子和其他方面的责任不成比例地落在女人身上，以至于被视为一种负担？为什么女性和男性做同样的工作，还是只能得到较少的报酬？为什么男性对女性的强奸——靠着化学提供便利的新手段——仍然如此普遍？为什么仍然鼓励小女孩梦想嫁给王子？为什么浅薄的、性别歧视的杂志在男性中如此受欢迎？为什么女人会同意出现在这些杂志上？为什么女性杂志认为异性伴侣是所有女性的第一要务？为什么那么多女孩和女人讨厌并伤害自己健康的身体？为什么对如此多的女性来说，年纪渐长仍被视为一场灾难？在我们不再需要问这些问题之前，我们最好不要假设波伏瓦对今天男人和女人的不同存在没有任何相关的东西要说。

p.69

7

性　别

　　这些生物学论据极为重要，它们在女人的历史中起着头等重要的作用，是女人处境的一个本质的因素。在我们进一步的讨论中，它们应始终被牢记……但我们拒绝这种观点：它们对女人而言构成固定不变的命运。它们不足以确定性别的等级；它们不能解释为什么女人是他者；它们不能将女人判定为永远扮演从属的角色。

　　人们经常认为，只有生理学能回答这些问题。两性个体具有同样的机会成功吗？哪一性别在物种中起着更重要的作用？第一个问题对女人和对其他雌性生物来说是以完全不同的方式提出来的，因为动物物种是固定不变的，可以用静止的术语来定义它们……而人类无时不在生成状态中。

只有从人的观点出发，才能将女人与男人做比较。但人的定义是，人不是一种既定的存在，而是能使自己成其所是。正如梅洛-庞蒂非常正确地指出，人不是一种自然物种，而是一种历史观点。女人不是一个已经实现的现实，而是一个正在生成的过程，正是在她的生成中，她与男人相对照，就是说，必须给她的可能性下定义……

因此，我们要根据本体论的、经济的、社会的和心理的观点，来阐明生物学的事实。女人受物种的限制，她的各种能力受限，是极其重要的事实；女人的身体是她在世界上所占处境的基本因素之一。但并非身体就足以把她定义为女人；除非有意识的个人通过活动并在社会的怀抱中显现出来，否则没有真正的活生生的现实。生物学不足以对我们关注的问题提供答案：为什么女人是他者？我们的任务是发现自然……在整个历史进程中是如何受到影响的；我们关注的是，人类把女性变成了什么。

——《第二性》，第65-66、69页①

① 　中译参波伏瓦：《第二性Ⅰ》，郑克鲁译，上海：上海译文出版社，2011年，第57、59-60页。译文根据英译有所改动。——译者注

女人不是天生的，而是后天形成的。任何生理的、心理的、经济的命运都界定不了女人在社会内部具有的形象，是整个文明设计出这种介于男性和去势者之间的、被称为女性的中介产物。

——《第二性》，第295页[①]

在《第二性》的导言中，波伏瓦声称"女人是他者"，在该书的其余部分，她的主要任务之一就是回答这个问题：为什么？为什么女人是他者？是什么原因使女人处于她们所处的位置并遭受她们所受的限制？讽刺的是，《第二性》第一部题为"命运"，其由三章组成，每一章都致力于对女性作为他者的地位作出不同解释：分别是生物学的、精神分析的和经济的（广义上，马克思主义的）。

其中第一章是最有趣的，因为它是最具哲学洞察力、最有挑战性的，尽管它攻击的对象是最粗陋的。它包含了对波伏瓦所有出版作品中最著名的一句话的理论论证和解释："女人不是天生的，而是后天形成的。"作为对把女人的社会从属地位还原为生物学解释的哲学反驳，这在今天尤为重要。在对几乎所有事情——犯罪、酗酒、强奸、父权制、经

[①] 中译参波伏瓦：《第二性Ⅱ》，郑克鲁译，上海：上海译文出版社，2011年，第9页。——译者注

济成功等——的生理学和遗传学解释盛行（但很少被理解）的背景下，它为我们提供了一个批判性地对待这些主张的范本。它简单而有力地做到了这一点，坚持认为有必要对生物学解释力量的基本术语和假设进行反思，这些术语和假设也是我们关于性别的日常假设的基本术语。在这些选段中，读者受到双重质询——批判性地，作为这些假设的承担者；而存在性地，作为性别的承担者。

波伏瓦表明，从生理—生物学角度解释女性在历史上从属于男性，有赖于对性别差异的重要性的归因。"性别"的定义只涉及双方的不同角色——男性和女性在生殖中的角色。因此，我们能够笼统地谈论不同物种中的雌性和雄性，并在其他明显不同的动物中识别出一些共同的元素——例如，人类和老鼠，两者都能生育后代。在对女人从属地位（这也用于为此辩白）的生理—生物学解释中，这些共同的因素被认为比一切的物种差异都重要。因此，它们基于的假设，是人类和动物之间本体论上具有等价性，也就是说，假设人类的存在等同于动物的存在，甚至等同于昆虫的存在。我们可以在当代进化生物学和心理学中看到这一点。例如，在一篇最近广为流传的进化心理学论文中，雄性蝎子腹部存在某种抓握器官，被作者称为"强奸附肢"，以此为基础，推p.73断出人类男性已经发展出实施强奸的天生"精神"倾向。在这种将男性强奸女性合理化的生物学解释中，从苍蝇到人的连续性是不间断的——他们栖于完全相同的存在的水平上。

波伏瓦在这些段落中的主要观点是，反对相同性的假设，断言人类的存在和动物的生命之间的根本区别。虽然波伏瓦保留了"动物"一词来指代非人类物种，但人类当然也是动物。人类的存在和动物的生命的区别，一方面表现在女人和男人的存在类别之间，另一方面表现在人类女性和男性的生物类别之间。波伏瓦声称"动物物种是固定不变的，可以用静止的术语来定义它们……而人类无时不在生成状态中"，但这并不意味着动物物种不会像人类那样进化。这里是在说，在任何给定的时刻，都有可能静态地描述动物物种——比如说，母马跑得是不是比公马快——并且这种客观而固定的状态可能是解释该物种社会组织的其他方面的基础。另一方面，虽然我们也许能够为人类提供类似的描述，例如，人类女性通常比男性体型小——这些事实（如果它们确实如此）需要放在人类存在的整个背景下来看，因此不能构成客观基础，以之用来对存在进行解释。波伏瓦说，人是自由的"超越和跨越"。也就是说，人类的存在是与众不同的，这体现在其对既定事实的不断超越，体现在其对既定事实的改变能力。从某种程度上说，人类自身的动物性存在是一种既定事实，人之存在在本体论上是独特的，这体现在其有能力超越和跨越自身存在的方方面面。

根据波伏瓦的说法，性别差异是生物学的事实或既定事实之一：它定义了动物中人类女性和男性之间的区别。那么，问题是，在什么意义上，在什么程度上，性别的事实或既定事实可以被女人和男人超越或跨越？将此与女性从属地位的具体问题联系起来，波伏瓦的论证初看起来显然是柄双刃剑。在她所谓的"女人受物种的限制"的讨论中，这一点得到了进一步探讨。这里的探讨，以及它与后面"母亲"一章的关系，已经引起了女性主义者的许多批评，不难看出是为什么。根据波伏瓦的说法，"女性的机体完全适应并服从于母性"（《第二性》，第52页），因此她的个体生命从属于物种的繁殖功能——这是通过她，通过"吸收"她的个体生命来实现的。这意味着"雌性的个体性与物种利益是对立着的"，而发展程度最高的雌性——人类女性——最强烈地感受到了这种"限制"。（《第二性》，第56页）这听起来令人不快，但波伏瓦的悲观有一部分是修辞性的。人类女性的负担被强调，是为了女人的不同困境可以更清楚地展现出来。因为"生育能力强加于女人而带来的负担"不是由自然，而是由社会决定的。

> 根据社会要求出生的多寡，根据怀孕和生育过程中的卫生条件，女人受物种的限制或多或少更加严重。因此，虽然在高等动物中，雄性比雌性更专横地主张个人的存在，但在人类中，个人的"可能性"取决于经济和社会状况。（《第二性》，第67页，强调为本书作者所加）

在适当的社会和经济环境下，女人在生育中的角色——她是女性的生物学事实——并不一定与她的个体性相冲突。

根据波伏瓦的说法，在这种程度上，性别确实可以被"超越"或"克服"。这并不是说它可以被抛诸脑后——这不是存在主义的超越和克服概念的含义。波伏瓦说，生物学的事实是不可否认的，她反复强调其重要性。生物学解释这一章的大部分内容是大量的细节，例如，月经和生殖的生理学，没有暗示这些生理学上的既定事实是可以避免的。（也许这解释了另外一件怪事：一个美国出版商为了评估波伏瓦的书是否用得着翻译过来，找到了做性别的生物学方面研究的专家 H.M. 帕什利，后者随后为英语读者粗枝大叶地翻译了一个删节版。）生物学的事实无可否认，但"它们本身并非格外重要"（《第二性》，第66页）。这就是说，它们得以对于人类的存在具备重要性，是被赋予的，而不是得之于它们的。性别差异的事实本身并不能决定男人和女人的社会存在形式；就其本身而言，它无法解释女性是他者的历史事实。相反，男人和女人的社会存在决定了性别差异将如何续存，以及它将意味着什么，在女人是他者的社会背景下，按照波伏瓦的说法，性别被女人视为负担或（如她夸张地说的）"限制"。波伏瓦的结论是，正因为女人——而不是人类女性——是他者，所以她的地位必须用存在主义而不是生物学的术语来解释。

这里最一般的一点是，鉴于人类存在的独特性，我们可以合法地谈论任何生物学事实的解释力。然而，今天我们最关心的是所谓的性别差异的解释力。性别差异的重要性何在？男孩和女孩、男人和女人之间的社会和文化差异有多少可以用我们性别的生物和生理—化学方面来解释？对于这些问题，似乎每个人都有自己的看法；关于这些问题，科普中的消遣式周末增刊文化总是乐于找到最新的证据，这些证据显然证实了我们已经知道的事情：男孩总归是男孩。当然，如果我们确信男孩总归是男孩，女孩总归是女孩，我们就摆脱了进一步思考问题的负担。但这是波伏瓦针对美国种族主义的"既来之则安之"所指出的"自欺"的另一个例子。它基于这样一种假设，即动物性生命胜过人之存在，并免除了对后者的形式应该担负起的责任。与之相反，波伏瓦则坚持人之存在优先于动物性生命。在《第二性》中，这相当于女人的范畴优先于女性的范畴。

英语世界女性主义理论和激进主义的"第二次浪潮"中，波伏瓦对女性和女人的区分被理解为生理性别和社会性别的区分。根据这一区分，"生理性别"涉及生物学，而"社会性别"涉及社会或文化。尽管生理性别可能是固定的，但社会性别——被理解为由社会文化决定的男女的不同行为特征，以及对他们的不同期望——不是固定的。以前所认为的生理性别的后果实际上是性别的社会表现，指出这一点，女性主义者就获得了理论手段，并以之来论证改变的可能性。对社会性别规范的分析和批判后来成为——在很大程度上仍然是——现代女性主义的基础。追溯起来，这种对社会性别的强调可以在 19 世纪的女性主义小册子和政治中找到，即使生理性别和社会性别的术语在当时并不流行。

事实上，严格来说，波伏瓦对女性和女人的区分并没有直接映射到生理性别和社会性别的分类上。波伏瓦的"女人"是一个存在主义的范畴，它跨越了自然和文化之别，而生理性别/社会性别的区分则无疑有赖于自然和文化之别。①即便如此，将波伏瓦的分类与英语中生理性别/社会性别的区分等同起来的政治影响是相当大的，而且并不违背波伏瓦的意图。如果不是因为这让我们看不到《第二性》的这一部分里最激进的含义——波伏瓦自己很可能也没有意识到这一点——那么现在对这种等同吹毛求疵就是无礼的。生理性别/社会性别的区分使得性别本身的领地免受质疑和挑战，而波伏瓦对女性和女人之间关系的存在主义分析却并非如此。

挑战包含在波伏瓦的主张中，尽管生物学的既定事实是不可否认的，但"它们本身并非格外重要"。此外，这意味着我们对人体生理学和解剖学的知识——包括它们各部分之间的基本区别——就像生物学的所有事实一样，取决于构成其研究对象的知识背景。在知识领域的发展中，科学家和其他人定义他们正在研究的是什么，而不是去遇见已经预先定

① 见 Stella Sandford, "Contingent Ontologies: Sex, Gender and 'Woman' in Simone de Beauvoir and Judith Butler", *Radical Philosophy* 97, September/October 1999。

义好的事物类别。尽管这肯定会因为代表了"常识"而让一些读者怒从中来，但正确地理解了这一点，就知道这是没有必要的。相对于无争议的例子，我们可以看到，这并没有摧毁科学知识的可能性，而是使之成为可能。例如，神经科学家已经定义了一个独立的认知实体，它被称为"胼胝体"，是大脑的一部分，由一束连接左右半球的纤维组成。然而，胼胝体的纤维与大脑的其他部分相连并纠缠在一起，因此很难将它们分开。延伸到大脑的胼胝体的连接纤维到哪里就不再是胼胝体的一部分而成为大脑的一部分？回答这个问题是不可能的，这表明，就像大脑的其他命名部分一样，这是一个相对武断的细分，为了科学研究的目的，我们将其视为单独的生物实体。①

同样，但更有争议的是，波伏瓦的论点暗示，将人类动物分为男性和女性这两个独立且互斥的类别——二元性别差异本身的前提条件——是将某种意义强加于一组本来毫无意义的生理差异。正如波伏瓦指出——不是否认，而是密切关注了"生物学事实"——卵巢和睾丸发育的胚胎组织最初是没有分化的，这解释了雌雄同体和雌雄异体（性别分离）之间的许多中间状态："即使在那些表现出高度性别分化的物种中，也可能出现结合了雄性和雌性特征的个体。动物和人类

①　　这个例子来自 Anne Fausto-Sterling, *Sexing the Body*, Basic Books, New York, 2000, pp.116-27。

都有很多雌雄双性的例子。"(《第二性》，第47页）根据一些估算，大约1.7%的人类新生儿是双性婴儿，也就是说，这些婴儿不能轻易被归类为男性或女性。[①]一旦医疗机构注意到了他们，这些婴儿会受到不必要的（即，不是挽救生命的）手术和化学"调节"，以试图使他们看起来像是"正常的"男性或女性，即使他们无法被真正改造成如此，这一过程通常会持续很多年，有时甚至是终其一生的化学调节。

是什么决定了这些婴儿被当作是反常的或异常的，而不是人类形态学中极大多样性的例子？正如波伏瓦所展示的，不是生物学事实本身，而是我们决心要根据二元性别差异的假设来解释它们。这在儿童生殖器模棱两可的情况下尤其明显，以至于医生不得不问自己：什么时候阴茎其实是阴蒂？或者什么时候阴蒂其实是阴茎？决定的做出，根据的只能是武断确定的标准下的粗略测量，其中长度在1至2.5厘米之间的新生儿性器官在医学上被认为既不是阴蒂也不是阴茎。对双性婴儿的治疗是一个想要正常化的过程，因为根据社会期望，我们都必须要么是男性要么是女性——这一点相关医疗从业者并不否认——直到同时承认我们都并非如此。《第二性》的激进哲学和政治挑战是超越性别差异的社会期待之外来进行思考的。与波伏瓦在1949年的同时代人相比，我们在21世纪对此做了更多的准备吗？

---

①   Ibid., p.51.

8

性

p.80

　　"啊！您已经躺下了！"布洛甘说。他双手抱着洁白的床单，不知所措地望着我。"我想换换床单。"

　　"用不着。"他仍然站在门口，十分尴尬地抱着那堆豪华而又累赘的东西。"我这样很好。"我说着把他前一夜用过的热乎乎的被单一直拉到我的下巴。他反身离去，接着又回来。

　　"安娜！"

　　他扑到我的身上，他的声调令我心潮激荡。我第一次呼唤他的名字："刘易斯！"

　　"安娜！我是多么幸福！"

　　他光着身子，我也赤条条的，可我一点也不感到难为情。他的目光不会刺伤我，他不对我进行评判，对我毫不挑剔。他的双手从我的头发一直抚摸到我的脚趾，把我深深地印在他的心间。

我再次说道："我喜欢您的手。"

"您喜欢我的手？"

"整个晚上我都在问自己我的身体到底是否有幸感受到您双手的抚摸。"

"您整整一夜都可以感受到。"他说。

突然，他不再那么笨拙，也不再那么正经。他的欲望把我全然改变成了另一个人。我早就失去了欲望，失去了肉体，如今我又重新拥有的它们。我犹如面包一样富有营养，宛如土地一样芬芳四溢。这一切是多么神奇，我竟没想到去计算我的时光，去衡量我的欢乐。我仅知道当我们昏昏入睡时，耳边已经想起了黎明时微微的啁啾声。……

p.81

——《名士风流》，第38-39页[1]

波伏瓦的小说通常由文学、哲学和自传性元素的复杂组合组成。这经常给她带来麻烦。她的前两部小说《女宾》（1943）和《他人的血》（1945）都很受欢迎，却招致了好为

---

[1] 中译参波伏瓦：《名士风流Ⅱ》，许均译，上海：上海译文出版社，2010年，第28-29页。——译者注

人师者的批评。两者都以文学形式展现哲学问题。人物的内心独白和对话常常是由某些哲学领悟引发的焦虑的表达，甚至采取即兴的、非正式的哲学辩论的形式。在某种程度上，它们是存在主义的展示柜。对它们的指控是，它们作为文学的地位有所不足，因为它们仅仅是思想的载体。在1945年的一次演讲——随后结集出版为《文学与形而上学》（1946）——中，波伏瓦在为"形而上学小说"辩护时回应了这一批评。波伏瓦说，的确，这部小说只有在一种情况下才说得过去，那就是"它是一种不可简化的交流方式"（《文学与形而上学》，第270页）。一部小说，如果仅仅是为先前建构的哲学披上"闪闪发光的外衣"（《文学与形而上学》，第272页），作为小说是说不过去的。但是，文学和哲学之间不可能有绝对的区别，因为它们都只是"对形而上学现实的独创性把握"的不同形式，或使其明了化的不同方式。（《文学与形而上学》，第273页）

什么是"形而上学现实"？对于波伏瓦来说，它是世界上的人之存在的真理。说它是"形而上的"，在于它超越了个体，超越了个体在思想中涵盖其整体的能力，同时仍然是由个体揭示并为个体揭示的真理。一个人不能通过研究形而上学来掌握这个真理。波伏瓦说，形而上学不像数学或物理学那样是人所从事的事务；人即是形而上的。形而上学是一种"态度"。这个孩子默认采取这种态度，"具体地发现了它在世界上的出现，它的被遗弃，它的自由，事物的模糊，以及外来意识的抵抗"。虽然没有人在其一生中的某个时刻不曾被揭示出形而上学现实的某个方面——因为"每一个人类事件都具有形而上学的重要性"（《文学与形而上学》，273页）——向我们揭示它是哲学家和小说家的特殊任务。

哲学和文学的区别在于两者做这件事的方式。根据波伏瓦的说法，哲学在理论的发展中使用了抽象语言，在这些理论中，形而上学的经验"在其本质特征上或多或少是系统化的，因此是永恒的和客观的"。（《文学与形而上学》，第273页）另一方面，文学以其"主体性的、独特的和戏剧性的特征表达了形而上学经验的普遍意义……正如在行动和感觉这种活生生的关系中所揭示的那样"。（《文学与形而上学》，275页）无论如何，当哲学和文学各自包含对方的特征元素时，它们就都处于最佳状态。对于波伏瓦来说，存在主义哲学最能够描述存在的普遍方面，因为它强调"主体性的作用和价值"（《文学与形而上学》，第274页），并保留了对生活经验的具体方面的强调。同样，把形而上学的态度表达得清清楚楚的小说是杰出的小说。事实上，《文学与形而上学》的结尾，正是声称形而上学小说"提供了一种任何其他表达方式都无可比拟的对存在的揭示"（《文学与形而上学》，第276页），这个似乎在宣布，在她看来，这种形式的文学优于哲学。

在波伏瓦自己的小说中，文学和哲学之间的关系常常因第三种术语——自传——而得以搭上。这一点在《名士风流》（1954）中表现得最为明显，它是本章摘选的小说。这部小说以"变化的世界"为背景，波伏瓦说她在1945年战争结束时醒来。它描述了左翼知识分子希望的破灭，以及他们被迫——但也容许自己——做出的混乱的政治妥协。除了其他问题，它还解决了如何处理维希政权的前通敌者的问题，苏联给法国左翼带来的尖锐问题，以及美帝国主义在欧洲挥之不去的阴影。正如波伏瓦在她的自传中对小说的反思中所写的那样，《名士风流》是关于"我们"，也就是当时波伏瓦圈子里的知识分子。（《时势的力量》，第276-277页）通过两个主要角色之一——安娜·杜布鲁伊尔的第一人称声音，故事讲述了一个巴黎女性知识分子和她的男性情人（来自芝加哥的作家）之间充满激情和痛苦的跨大西洋的爱恋。（安娜是上面文摘中的"我"。）这就像波伏瓦不止一次写给纳尔逊·阿尔格伦的那样："*我们*的故事中……一个现如今的故事，从巴黎到芝加哥的爱情，飞机令城市如此之近，却又如此之远。"（《心爱的芝加哥人》，第421页）

安娜和刘易斯的故事细节所具有的自传性基础的程度，从波伏瓦的自传、她给阿尔格伦的信以及《美国纪行》的相关章节中可以清楚地看出。波伏瓦愿意披露她的生活——尽管经常被文学化——部分是因为她相信一个人的生活实际上是一个公共实体。这并不意味着她认为隐私是追求不得的，或者甚至是必要的，也不意味着一个人的家庭空间不是生活之必须。这种主张，是关于生活是什么样子的，它以关于

"'自我'是什么样子的"的某种哲学观点为基础。在《自我的超越性》（1936）中，萨特追随德国哲学家埃德蒙德·胡塞尔，认为"意识的存在是绝对的（即不容置疑的），因为意识是对自身的意识"，这一点不会错。但"意识是纯粹地、简单地'意识到某个对象'的意识"。这意味着意识本身并不是它自己的对象：一个人不能意识到没有任何内容的意识，因为意识总是对某个事物的意识。此外，没有"自我"是"栖于""在意识中"的——在意识中，没有任何事物、实体甚至统一的原则，可以被我们认定为是"意识的对于对象的意识"的承载者或条件。对萨特来说，自我是一个"超越性的对象"，他的意思是，我所说的"我"的统一性不是在我"内部"找到的，而是在"状态和行动的统一性"中找到的，而"状态和行动的统一性"是可以直接观察到的，是"外在"于我的。①

1960年，在她自传的第二卷中，波伏瓦写道："直到今天，我仍然相信'超验性自我'的理论。②自我只有一种可能的客观性，任何说'我'的人都只是抓住了它的外缘；一个局外人可以得到一个更清晰、更准确的画面……自知是不

---

① Jean-Paul Sartre, The Transcendence of the Ego, trans. Forrest Williams and Robert Kirkpatrick, Hill and Wang, New York, 1960, pp. 40, 41, 63.

② 在现代欧洲哲学中，"超验的自我"和"超越的自我"之间存在着重要的区别。然而，"超越的"和"超验的"这两个词有时被（混乱地）作为同义词使用，这里波伏瓦的"超验的"与萨特的"超越的"同义。

可能的，一个人所能期望的最好的事情就是自我揭示。"（《盛年》，第368页）据此，波伏瓦并没有把自己的四卷本自传设想为忏悔。它不是要揭露她自己之存在的切近真相，一个她有权触达的真相。这是一种叙述事件的方式，将它们呈现为客观现实，以便"假设"这些事件，或理解它们，从外部看她自己是谁。这在频繁的一次次自我批评中表现得尤为明显。回顾过去，客观地看待过去的自己，她能够看到彼时看不见的关于自己的某些真相。

在她的小说中，自传性元素采用了一种相似的客观形式，但目的有几分不同。根据波伏瓦的说法，它们提供了"经验之主观与独特的一面"，通过这些方面，文学揭示了"形而上学现实"的普遍之维。这让我们可以理解为什么波伏瓦坚持认为，尽管安娜和刘易斯的关系明显以她与阿尔格伦的情事为底本，但这不是一部罗曼史。

p.85　　　　小说对现实生活的依赖程度和方式并不重要；只有粉碎所有这些来源，然后允许一个新的存在从它们中重生，小说才能建立起来。那些在灰烬中打探消息的八卦者让提供给他们的作品溜走了，他们打捞出来的碎片一文不值；除非放在真实的背景下，否则任何事都没有真实性。（《时势的力量》，第279页）

也就是说，如果我们只是为了揭露波伏瓦的生活（或其他人的生活）而阅读《名士风流》的话，我们就错失了其重点。不仅如此，它在这方面可能揭露的任何东西都是不可靠的，因为它缺乏具体的背景。文学的"主体性"因素——即使它显然是自传性的，也只有在揭示存在的普遍之维时才是重要的。在某种程度上，自传本身也必是如此。这让我们可以接近波伏瓦作品的一个恒久主题——性——而不带淫邪之心。根据《文学与形而上学》的说法，性经验的主体性的、单一性的方面将具有特殊的"形而上学重要性"，其描述揭示了"形而上学现实"的一个方面。波伏瓦让我们去弄清楚这是什么。

在《名士风流》中，安娜这个人物给了我们一条线索。从一开始，她的性存在就是一个问题。小说中的第一个社会事件——战后的圣诞聚会——以不同的视角数次再现，第二次是透过安娜的眼睛。《名士风流》中，有波伏瓦的电影式风格的第一个例子，我们在安娜在派对后郁郁寡欢的、宿醉的思绪和派对场景之间来回跳跃。在聚会中，安娜的思绪从她的女儿和各种朋友转移到了她自己身上：

> 我走到食品橱前，给自己倒了一杯白兰地。我的目光顺着自己的黑裙往下瞥去，停留在自己的大腿上。会想到自己长着双腿，真滑稽可笑；谁也没有人注意到它们，连我自己也没有。它们

在米色的丝袜里纤细而匀称，当然，它们的匀称
程度不逊于许多其他的双腿。然而，有一天它们
会被埋进土里，仿佛从未曾存在过。这显得多么
不公平。（《名士风流》，第37页）

安娜的遐想被斯克利亚西纳打断，他"逃离苏联之后，
又逃离了奥地利"，在安娜的著名作家丈夫和他年轻的政治
朋友抵达巴黎后立即对他们产生了兴趣，但他"似乎从未注
意到我的存在"。（《名士风流》，第38页）安娜意识到他试
图勾引她，大约10页后，当他约她出去吃饭时，她决定接
受："好，好！至少对他来说，我还有腿！"（《名士风流》，
第44页）在那次晚宴上，斯克利亚西纳问安娜，她的婚姻引
以为基础的（性）自由，多久用一次。"偶尔"，她告诉他，
同时回想自己，她事实上已经贞洁地生活了五年，并相信她
会永远这样做："对我来说，作为一个女人的生活走向结束，
似乎自然而然；有太多的事情已经结束，永远地……"
（《名士风流》，第86页）他们随后的性接触被描述为一种
对欲望的近乎暴力的重新唤醒，一朵"残缺的"花朵的绽
放。（英文译本完全省略了性的细节。）

在她与斯克利亚西纳第二次见面后，很明显他们之间不
会再有进一步的性关系。经过五年的贞洁后，安娜再次"找
到了自己"，她再次感到自己注定要无性。（《名士风流》，
第93页）尽管她随后与刘易斯的爱情在性、情感和智力上更

有意义，更令人满意，但它的结束让她进入同样的境地，面对一个没有情欲之爱的未来。我们最开始和最后从《名士风流》里的安娜那里听见的，都是她对自己死亡的思考。虽然这些思考包含了实际死亡的不可避免性和自杀的可能性，但它们与性爱主题的交织使其意义变得复杂。现在传统的文学和哲学对性和死亡之间关系的处理，利用了前者的功能和后者的事实之间的生物学关系，赋予性以力量和伪哥特式的恐怖。正如波伏瓦在《第二性》的导言中指出的，女人代表性，性—死亡这一主题经常以厌恶女性或恐惧女性的形式出现。在《名士风流》中，情况正好相反。无性，而非有性，才是"死"。存在因性之死而残缺。

p.87

从这一点，我们可以推断出《名士风流》中性经验的可能的"形而上学重要性"。虽然性依赖于其生理基础，但它是一种存在现象。用波伏瓦的话来说，尽管动物可能有性交，但它们没有性。也许，对于波伏瓦来说，作为一种特定的具体存在方式，性揭示了人类存在之根本模糊性的"形而上学现实"，但这一点在她早期的作品中有着不同的取向。正如我们在安娜身上所看到的，在性行为中有机会实现的可能性，是身体活在快乐之中的真实性。有性的身体，其真实性的自由"假设"超越了生殖的性功能，因此生殖的性功能定义不了也解释不了性。形而上学地（如果不是社会地）来讲，性既不是异性恋也不是同性恋，也不必是两者的结合。在这一层面上，波伏瓦对性存在的描述是更普遍的生命力旺盛的一部分，这种旺盛就像一条地下溪流贯穿她的作品，一有机会就显露出来。

然而，一个人需要超越《文学与形而上学》中的术语的限制，才能看到波伏瓦作品中性这个主题的全部重要性。因为真正有争议的是政治，而不是形而上学。从早期开始，女性之性，就在波伏瓦的作品中以惊人的坦率呈现着。此处，"女性之性"一词并不是指任何具体的女性欲望或愉悦的形式。它仅仅指的是这样一个事实，即女孩和女人是性的存在，她们体验自己的性欲，并按照自己的性欲行事。在20世纪中叶的欧洲，公开承认这一点还是很了不起的。在她的自传第一卷中，波伏瓦描述了12岁的自己"被痛苦的欲望所折磨，口干舌燥"，在床上辗转反侧，"想要一个男人的身体压在我身上，想要一个男人的手抚摸我的肉体"。（《闺中淑女》，第100页）后来，回忆起自己20岁出头的时候，波伏瓦谈到了当她与萨特分手后，性欲得不到满足的"真实痛苦"：

> 我被迫承认一个自青春期以来我一直极力掩盖的事实：我的生理欲望比我想要的要大……在从图尔开往巴黎的夜车上，一只不知名的手在我腿上的触摸可能会唤起我的感觉——违背我的意志——却相当强烈。（《盛年》，第63页）

在1976年的一次采访中，当被问及如果重写自传，她会有什么改变时，波伏瓦回答得很快：

> 我会非常坦率地叙述我的性。是的，一个真正真诚的叙述，从女性主义者的角度。今天，我想告诉女人们我是如何在我的性之中活着的，因为这是一个政治的，而非个人的问题。当时我没有这样做，因为我没有理解这个问题的严重性和重要性，也没有理解个人诚实的必要性。[①]

波伏瓦在这里大概率指的是她与同类的性关系，这一点在她的自传中只字未提。无论如何，关于"女性之性"的所有方面，其政治观点都是相同的。女性欲望的真实性与表达，同波伏瓦在《第二性》中揭露的"女性气质的神话"所宣扬的"官方"版本完全不同。

有鉴于此，《名士风流》中安娜的故事泛出一种不同的色调。与刘易斯的情事，并不像一些评论家认为的那样，是一部政治小说中的浪漫插曲，而是"女性之性"的主题的一部分。安娜五年的守贞，与她丈夫罗伯特的行为极不相称，对他来说，"在酒吧里勾搭一个漂亮的妓女并与她共度一小

p.89

①   Alice Schwartzer, *Simone de Beauvoir aujourd'hui: six entretiens, traduits de l'allemand par Léa Marcou*, Mercure de France, Paris, 1984.

时，似乎稀松平常"。(《名士风流》，第117-118页）对于安娜来说，她性存在的结束，这一不幸总是与她的年龄联系在一起。她被一种观念所困扰，那就是性对于年逾四十的女人来说是不得体的，而她的丈夫，年龄大得多，却没有这样的疑虑。不管怎么说，最终，政治和形而上学在安娜之性的展现中交织在一起。致使安娜的"性死亡"的，是社会因素，而不是生理因素。这不是欲望的终结，而是——在存在上更糟糕的是——对欲望的压抑。按照波伏瓦的说法，得指望另一个人物——萨德侯爵——指给我们走出此陷阱的道路。

9

反　常

p.90

　　萨德的支持者将他奉为天才的先知；他的作品在同一时间里宣告了后来的尼采、施蒂纳、弗洛伊德和超现实主义；但是这种崇拜，如同一切崇拜，是建立在某种误解的基础上，轮到他们通过将这位"神圣的侯爵大人"神圣化来背叛他。既不把萨德变成一个恶徒也不当作一个偶像，而是将他当作一个人、一位作家，这样的批评家屈指可数。多亏了他们，萨德终于重回地上，回到我们中间。

　　但是确切说来他的位置何在呢？他有什么值得我们关注的呢？他的推崇者本身也乐于承认，他的作品就其大部分而言是难以读懂的；从哲学意义而言，他的著作能够超凡脱俗的原因仅仅在于陷入了前后不一的矛盾。至于他的淫邪，也并不因为其新奇而让人吃惊；在这一方面，萨德并

没有发明什么，我们在精神病学论文中遇到大量
与他的情况至少是同样奇特的案例。说实话，萨
德既不是作为作家也不是作为性变态者引起我们
关注；我们关注他是由于他所开创的在自我这两
个侧面之间的关联。他没有把那些反常当作一种
被赋予的天性来加以承受，相反他却建立起一个
巨大的体系，目的是为这些反常之处要求权利，
当他这样做的时候，他的那些反常之处便取得了
自身的价值。从反方面说，只要我们明白了通过
他书中的啰唆、老套、笨拙，他在试图向我们传
达一种经验，但这经验的特殊性却是无法传达
的，这时候他的书便会吸引我们。萨德曾经尝试
将自己的心理—生理的宿命转变为一种伦理选
择；他借着这一行为来承担自己与世人的隔绝，
他声称要将此举变成一个范例和一种号召。由
此，他的遭遇具有一种广泛的人类价值。我们能
够不否定自己的个体性而满足对于普遍性的渴望
吗？或者只有通过牺牲我们的差异，我们才能融
入集体呢？这一问题涉及我们所有人。在萨德这
里，差异被一直推向丑闻，他文学创作的巨大数
量向我们展示出他是以怎样的激情在希望着被人
类共同体接纳。如果不向自己说谎，任何个体都
无法逃避这种冲突，而我们在萨德身上看到的是

p.91

这一冲突的最极端形式。这是一个矛盾，在某种
意义上说也正是萨德的胜利，也就是说由于他固
执于自己的特殊性，他帮助我们从普遍意义上定
义了人类的戏剧。

《要焚毁萨德吗?》，第4-5页[1]

西蒙娜·德·波伏瓦和萨德侯爵的共同点，不仅仅是他
们名字的贵族形式。他们都被谴责为色情作家（就萨德来
说，这一称号多少说得过去），并且都以性解放者而臭名昭
著。这种名声，如果说萨德是培养起来的，那么波伏瓦则是
由于她生为女人而获得的，因为一个像波伏瓦那样行事的男
人（拒绝一夫一妻制，享受婚外性爱，诸如此类）没什么了
不起的。由于萨德在20世纪法国知识分子生活中有着特殊的
地位，他被波伏瓦注意到也就不足为奇了。像大多数同侪一
样，波伏瓦读过萨德的一些作品，但觉得它们很"荒谬……
无聊……过于抽象与概略"。然而，在1948年前后，对萨德
《朱斯蒂娜》[2]的阅读是一个"预示"。波伏瓦曾被邀请为新

[1]　中译参波伏瓦：《要焚毁萨德吗》，周莽译，上海：上海译文出版社，
　　　2012年，第4-5页。译文根据英译略有改动。——译者注
[2]　《朱斯蒂娜》这个书名，来自周莽译的《要焚毁萨德吗》。此书又以《淑
　　　女的眼泪》为题，被译作中文出版。可参萨德：《淑女的眼泪》，李政译，
　　　北京：中国社会科学出版社，2004年。——译者注

版《朱斯蒂娜》写序言，但她拒绝了，理由是需要"深入研究这个主题"。她的兴趣被激起了，她又一次去了法国国家图书馆阅读。那时候，人们是在"地狱"（L'Enfer）中阅读像萨德这样的作家的，因为图书馆中查阅禁书的房间（L'Enfermé）被如此简称。（《时势的力量》，第255页）显然，波伏瓦很享受那段经历。她随后对萨德的色情"系统"的心理—哲学分析并不是不加批判的，但评价大体上是正面的。因此，人们忍不住去猜测波伏瓦对萨德认同的实质是什么。波伏瓦同情这个魔鬼的依据是什么？

西蒙娜·德·波伏瓦以一个传统的主张开始了她的文章——萨德的作品既没有情欲上的刺激，也没有哲学原创性或美学上的成就。那么，为什么"他值得我们关注"？从某种意义上说，答案是显而易见的。萨德有着巨大的反常性，反常者和他们的反常行为对我们所有人都有持久的吸引力。但波伏瓦提出问题的背景，是有人抱怨萨德"极不公正地"不在18世纪思想的标准历史叙述之中，这意味着他在其中的地位必须得到辩护。波伏瓦的文章明确指出萨德"在法国文学中的地位"，"他还远未正式赢取这一地位"。（《要焚毁萨德吗？》，第4页）因此，不是萨德的反常行为本身引起了我们惊骇反感的兴趣，而是他如何看待他在自身之存在的冒险中的反常行为，以及他的努力的普遍意义，将引起我们的兴趣。更具体地说，正是在揭示"他的最高价值"（《要焚毁萨德吗？》，第64页）之时，他才会被证明值得我们有兴趣。那么，从一开始，需要辩护的不仅仅是萨德，还有我们对他的兴趣。

虽然，根据波伏瓦的说法，没有人会想到将《朱斯蒂娜》与《曼侬·莱斯科》相提并论（《要焚毁萨德吗？》，第37页），波伏瓦将萨德、普雷沃①、拉克洛②一视同仁地当成作家，期待（并发现）在他的作品中同样揭示了"形而上学现实"——这一点在《文学与形而上学》中被描述为文学的任务。正如波伏瓦的许多文章一样，《要焚毁萨德吗？》开篇提出的观点在整篇文章中不断发展、转变。但是在她的第一次陈述中，正如这里的文摘所示，波伏瓦的论点集中在两个主要的主张上。首先，通过"假设"他的"失常"，而不是把它们作为一种自然的强加来忍受，萨德使他的"心理—生理命运"成为一种伦理选择。这种选择是合乎伦理的，因为他超越了他的心理—生理组成的简单事实，把一种绝对价值赋予了组成着它的失常。萨德以一种极端的形式，论证了一个普遍真理：一切价值都源自主观。如果没有任何东西本身具有价值，只有我们赋予它的价值，那么任何东西都被赋予价值，萨德的例子就说明了这一点。不同寻常的是，他还展示了波伏瓦（和萨特）对价值的主观起源的存在主义解释中隐含的东西：一种单一伦理的可能性，一种"一个人"的道德。此外，对于大多数人来说，他代表这种可能性的问题所

① 　法国作家，生卒年为1697—1763。——译者注
② 　法国作家，生卒年为1704—1772。——译者注

在：萨德是禽兽，其个人"伦理"伤害了他人。

在《要焚毁萨德吗?》中，波伏瓦明确表示，萨德的道德观是不可效仿的："每当我们站在一个被色情狂割喉的孩子一边时，我们就站在了他的对立面。"（《要焚毁萨德吗?》，第61页）然而，她说他的生活有"楷模性"，这一点是在如下意义上说的：他的伦理形式（而不是内容）及其形而上学动机具有普遍意义。这在波伏瓦文章开头几页的第二个主要主张的阐述中得到了解释，涉及萨德对主体性原则的体认。萨德的价值在于"他大声宣布了所有人都愧于承认的事情"（《要焚毁萨德吗?》，第63页）：每个个体的"单独性"这一不可辩驳的事实。这一事实在萨德的《持续的独一性》中被戏剧化地表现出来："除了他自己，他没有同伴"。（《要焚毁萨德吗?》，第18页）对于萨德，这种独一性如此登峰造极，到了病态的地步。他对"单独性"的不断强化，产生了一种无益于任何人的自闭伦理。据波伏瓦说，萨德"饱受折磨的生活"的显著特征是，"痛苦的生活经历从未向他揭示其他人和他自己有过团结"。（《要焚毁萨德吗?》，第18页）但是，根据波伏瓦的说法，我们可以不管萨德的病理学，而是感谢他揭示了任何与他有云泥之别的伦理的可能性条件："如果我们曾经希望超越个体的单独性，我们可能只有在我们意识到它的存在的条件下才能这样做。否则，幸福和正义的承诺会掩盖最严重的危险。"（《要焚毁萨德吗?》，第63页）

p.94

关于"单独性"这一假设中萨德体现的楷模性，在其第一次陈述中仍然是抽象的，但在波伏瓦随后对萨德的辩护中得到了完善。按照波伏瓦的说法，萨德不仅使自己的性行为成为一种伦理，还应该"被誉为伟大的道德家"。（《要焚毁萨德吗?》，第40页）他的伦理和他的道义性是两回事。前者是萨德对自己性快感的巴洛克式阐述，将其变成一种排除所有其他考量的原则。它诞生于波伏瓦所发现的照亮他作品的洞见的闪光之中。波伏瓦写道，萨德发现，"在他的社会存在和个人快乐之间没有调和的可能"。（《要焚毁萨德吗?》，第7页）由于他无法放弃自己的快乐，他与当时如此这般构建的社会对抗，尽管不是与社会本身对抗。如果结果是一个不可接受的伦理，那就得怪社会本身了。从这个意义上说，这种伦理是对社会的批判，萨德的道义性就在于此。

波伏瓦达成的对萨德的这种理解，是以一种从黑格尔哲学中借用的观念为基础的。波伏瓦认为，问题的焦点是个人与社会关系磨合的长期问题："我们能否在不放弃个体性的情况下，满足我们对普遍性的渴望?"在《精神现象学》中，黑格尔提出了这种关系得以具体实现的各种历史—社会形式。如果精神奋力追求的理想是克服个体和普遍之间的对立（尽管这是波伏瓦的说法，而不是黑格尔的说法），那么它一路上所采用的历史—社会形式就被证明是"片面的"。这意味着，从历史上看，一段时期的到来是以另一段时期为代价的。这种片面性最著名的例子是法国大革命后抽象普遍性的胜利。个体"作为存在于普遍性之中的存在物",在对此的直接否定中,个人在恐怖统治中的死亡"没有内在的意义或实现……因此,这是所有死亡中最冷酷、最卑微的一种,其意义并不比切下一颗卷心菜或吞下一大口水更大"。[①]

在这一历史背景下,萨德占据了一个复杂的位置。如波伏瓦所示,他是贵族特权的辩护者,在最初的性冒险中,他享受并利用了这种特权,并在他的作品中不断地将其戏剧式地呈现出来。与此同时,他认同而不是反对法国大革命——著名的事件是他在巴士底狱透过牢房窗户煽动暴乱者,引用对囚犯的谋杀作为他们的辩护理由。对波伏瓦来说,他由此成为抗议恐怖统治所代表的抽象普遍性的象征。但据波伏瓦说,他的立场自始至终的共同点是他对个体的支持——不是在政治上,在一个普遍的权利体系内,而是在形而上学上,将其作为一个单独的存在。这一点,只有在对形而上学的不同主体的否认的背景下,才变得可以理解。在这种片面否认个体,支持普遍性的绝对权利这样一种假设的背景下,萨德的个人抗议,发展成为他的"一个人的伦理",无论其特征多么卑劣,都"具有一种广泛的人类价值"。

萨德的道义性在于他对普遍性的绝对权利这一假设的原则性抗议,以及他对维护这种权利虚伪之至的洞察。在一个尊重单独性的社会里,萨德的"恶行"在被认为是一个例外

---

①   Hegel, *Phenomenology of Spirit*, p.360.

的情况下，本可以得到接受。事情恰恰相反，它们被谴责为对道德和社会秩序的威胁。波伏瓦说，萨德深信"一个满足于时不时鞭打妓女的人对社会的危害要小于一个农民将军"；也就是说，比那些自诩为正派警察，同时从"把本阶级的利益确立为普遍原则的资产阶级骗局"中获利的市民危害要小。（《要焚毁萨德吗?》，第48页）据波伏瓦说，真正的灾祸是"现有的不公正、官员滥用职权和合乎制度的犯罪；这些是抽象法则不可避免的伴生物，这些法则试图将它们自己统一强加给多个完全单独的对象"。（《要焚毁萨德吗?》，第49页）在一个如此灾祸横行的社会，"一个罪行累累的社会"，一个人必须成为社会所谓的罪犯，作为避免与它同流合污的唯一途径：

> 通过罪行，这个放荡者拒绝与既定中的邪恶同流合污，大众只是对此被动的，所以也是卑劣的反映投射。这阻止社会在不公正中憩息，创造一种末世启示录中的状况，强迫所有个人在不间歇的张力下承担起他们的单独性，也就是他们的真相。（《要焚毁萨德吗?》，第58页）

"萨德的见证的最高价值"（《要焚毁萨德吗?》，第64页）是把这个真理强加给我们。

尽管如此，波伏瓦并不特别欣赏萨德——但当他的作品的历史和社会意义成为争论的焦点时，欣赏与否就无关紧要了。然而，她确实认为他的"解决方案"是失败的。因为萨德意欲"从他的特殊处境来把握人类境况的本质，如果这是他伟大之处的根源，那么也是他局限之处的缘由"。（《要焚毁萨德吗?》，第 62 页）萨德"对行动没有了解"，未能设想除了"个体反叛"之外还能有任何其他形式的反抗。有着共同事业的主体之间存在具体关系的可能性——也许是在实现其人性的共同筹划中团结起来，萨德没有想到这一点。这也是萨德审美局限的根由。由于缺乏任何形式的对自我的超脱，他无法"直面现实并重新创造它"，而是"满足于投射自己的幻想"。（《要焚毁萨德吗?》，第 37 页）

p.97

波伏瓦关于萨德的文章今天引起我们的注意，有几个原因。它代表了波伏瓦智识力量的巅峰。在这篇文章中，她将自己哲学工作的洞见和她成熟的政治理解浓缩成对臭名昭著的放荡者的精彩而又令人惊叹的叙述。从这个意义上说，它是对文化进行哲学诠释的典范，这种解释不太关心"忠实"于文本，而更关心我们在当代语境下能从文本中得到什么。波伏瓦让萨德为她工作，将她对这个老变态的解读编织成对她自己那个时代的保守道德和虚伪的资产阶级普遍主义的含蓄批评。这是她认同他的基础："他的见证的最高价值是让我们不安。"（《要焚毁萨德吗?》，第 64 页）

10

老　年

p.98　　退休的人由于目前生活中缺乏意义而变得绝望，原因是他存在的意义从一开始就被偷走了。有一个法则，就像斐迪南·拉萨尔那"无耻的工资法"一样无情，只允许他重演自己的生活的权利：它绝不让他找到任何生活的正当性。当他摆脱行业或职业的束缚时，他看到自己身边只是一片不毛之地：他没有得到这种可能性，即让他投身于也许能让世界充满存在的目标、价值和理由的那些筹划。

　　这是我们社会的罪行。其"老年政策"是不齿的。但更不齿的是，这个社会在大多数人的青年和盛年时期施加于他们的对待。这是他们年老之时伤残而又孤苦的状态的预兆。衰老开始得太早，速度很快，身体上很痛苦，而且由于他们两手空空地入局，因此道德上是无情无义的，这都是社会的过错。一旦他们失去了体力，一些被剥削、被疏远的个体不可避免地成为"被抛弃者""被拒绝者"。

这就是为什么为减轻老年人的痛苦而提出的所有补救措施都如同嘲弄：没有一种措施能够修复有些人在其一生中遭受的系统性摧残。即使他们得到治疗和照顾，他们的健康也无法恢复。即使为他们建造了像样的住房，他们也无法获得赋予其生命意义的文化、兴趣和责任。我并不是说当下改善他们的境况是完全没有意义的；但是这样做，对于老年真正的问题不是解决之道。一个社会应该是什么样的，才能使一个人在他最后的岁月里可能仍然做一个人？

p.99

《老年》，第602-603页

波伏瓦要写一本关于老年主题的书，是为读者的反应所激发，他们对她自传第三卷（1963）的结尾中她"正在步入老年"的所谓"暗示"十分震惊：

有一天，我对自己说："我四十岁了！"还没等我从这一发现的震动中定过神来，我已经五十岁了。当时攫住我的那种恍惚还留在我身上……为了确信自己（正在步入老年），我只要站在镜子前面。四十岁时，有一天我想："在那镜子的深处，老年正打量着我，也正等待着我；这是无法回避的，总有一天，它会赶上我。"现在，它已经赶上我了。看到自己的脸——这不可思议的东西的时候，我经常一愣，目瞪口呆……现在，我已开始厌恶自己的外表了：朝着两眼耷拉着的眉毛、向下松垂的眼泡、鼓胖过分的脸颊、因皱纹而使嘴角边产生的那种总是悲戚的神态。

（《时势的力量》，第672页）[1]

这段话有什么令人震惊的地方？波伏瓦认为，这仅仅是谈论老年的事实，就好像它是一件下流的事情。社会视老年为"不适宜提及的可耻秘密"："当我违反这一禁忌时，我惹来了多么暴怒的反对声……"（《老年》，第7页）在这种情况下，让波伏瓦感到特别奇怪的是，变老和老年的显而易见的事实与人们试图掩盖它的沉默之间存在着十分显眼的矛盾。在研究这一问题时，她发现没有一本书论述过老年人的

---

[1]　中译参《时势的力量——西蒙·波娃回忆录（三）》，陈际阳、陈欣章、谭健译，南京：江苏文艺出版社，1992年。译文根据英译略有改动。——译者注

境况——就像《第二性》论述妇女的境况那样，所以她开始自己写这样一本书。①

像《第二性》一样，《老年》分为两个主要部分。第一部分从外在角度论述老年问题，包括其生物、人种、历史和社会的方面。第二部分从老年人生活经历的角度来论述它，包括波伏瓦所说的"存在维度"。（《老年》，第15页）这本书绝对是一本令人沮丧的读物。波伏瓦的研究表明，虽然对富人或少数幸运者来说，老年生活可能相对舒适，但对大多数人来说，老年生活大多是艰难、悲惨、孤独、贫困的，而且往往还有身体上的痛苦。波伏瓦把现代工业化社会通常让工人退休的武断决定的岁数作为老年的起点："老年人"是指六十五岁及以上的人。波伏瓦说，对老年人的对待显示出对老年人的蔑视，表明在年轻人和中年人眼中，他们不再是完整的人。这听起来很戏剧化，但是波伏瓦收集的大量社会学和人种学证据证实了这一点。因此，波伏瓦认为各种改善老年人状况的努力无疑是善意的、值得称赞的，但这些努力只是沧海一粟，未能以任何有价值或有意义的方式来解决老年人的"问题"。

在波伏瓦的研究中，以及在整个社会中，"老年"以不同的方式被视为一个"问题"。这个问题到底包括什么？对

---

① 　波伏瓦在尼娜·萨顿的一次采访中发表了这些评论，《卫报》1970年2月16日。见 Bair, Simone de Beauvoir, pp.539-40。

波伏瓦来说，从生物学上来讲，生物学事实，即年老带来的问题——运动、精神功能等问题——并不是老年的问题。虽然这些问题存在，但老年并非——就其本身而言，或者说必然——是问题，老年问题的一部分是我们把它当作问题。对波伏瓦来说，拒绝承认变老和老年——在很大程度上就是拒绝承认死亡是人类固有的一部分，而不是降临到人类头上的不幸事故，这是自欺。它包括不承认变老和死亡不可避免的经验性事实，这是人之存在的一个本质性部分，从一开始就存在，而不是在未来等待着我们的灾难——如果有可能，这是一个"要避免的问题"。围绕老年的自欺有一个表征，就是缺乏论述它的严肃哲学文献。因此，通过《老年》，波伏瓦又一次处理了一个以前从未被给予如此哲学关注的问题。

对波伏瓦来说，老年和其他事物一样，都有其存在维度。对变老和老年的存在主义分析希望处理的是，超越波伏瓦在此书的第一部分中描述的特殊的、社会的和历史的老年经历的方面。它声称要揭示出"成为老年"的一个维度，这对于所有年迈的人来说都为真，而不是在某些情况下对某些人来说为真。主要有两点：首先，老年必然涉及与时间关系的改变，因此，根据波伏瓦的说法，也就是与世界和个人自身历史的关系的改变。（《老年》，第15页）这种说法关乎——但不可化约为——这样一个事实，即老年人过去的生活多于他们未来的生活。对波伏瓦来说——与任何存在主义思想家一样——人之存在从根本上来说是受时间限制的。当然，正如所有其他事物——城堡、树木、DVD等——我们存在于客观的、按顺序排列的时间之中。但是时间和人之存在的关系不仅仅是在时间之内的，也是受时间之限的。用波伏瓦和萨特从海德格尔处借得的哲学术语来说，我们将时间置于时间关系中，这意味着人之存在为自身生产了时间，以之作为过去、现在和未来之间的有效区分。简而言之，给到人类存在的唯有时间，人类存在的意义只有在与时间的关系的基础上才能被理解。这并不意味着按顺序排列的时间——根据宇宙论或微观物理规律以年、分钟等计量——对我们每个人来说都不一样，或者我们无法在其中找到自己的位置。但是，时间被人类存在置于时间关系中，正是计量客观的、按顺序排列的时间并赋予它意义，所依赖的基础。

p.102

对波伏瓦来说，就像对所有存在主义者那样，人类存在受时间所限，这一点涉及未来的某种优先性。去存在，就是在面向未来的筹划中，去不断超越一个人的过去或现在，这样个体的现在和过去的意义就永远随着他们对未来的筹划而改变。这就是为什么像精神分析这样的疗法不一定能揭示出一个人过去的最终"真相"，而是赋予过去一个真相，一个与未来相关的真相。如果我们不断地重新解释我们自己的过去，这并不是因为我们未能把握住唯一的、真正的解释，而是因为过去的意义从根本上说是在变化的。

那么，当我们在老年时，面对"有限的未来和冰封的过去"（《老年》，第421页），又有什么不同呢？根据波伏瓦的说法，年轻人可以轻松地超越过去奔向未来，而过去的重负却让老年人慢了下来，甚至让老人家止步不前。(《老年》，第435页)波伏瓦说，我们在老年人身上看到一种转向过去的倾向。如果对我们每个人来说，我们认为属于自己的时间是我们构思和执行我们的筹划的时间(《老年》，第484页)，老年人会觉得"属于"他们的时间，也就是他们的筹划被构思和执行的时间，是以前的时间。波伏瓦说，这解释了"在我那时候"这个奇怪的短语。最极端的说法是："除了一些例外情况，老人不再做任何事情。让他获得定义的，是一个exis，而不是一个praxis：一个存在，而不是一个行动。"(《老年，第244页)波伏瓦的论证，得出了一个令人不安的结论：老年是存在上的，而不仅仅是生物学上的，是一种彻底转变的存在(being)状态。如果人之存在是在面向未来的筹划中对过去的超过或超越，那么，在某种意义上，老年人不再是人了。

p.103　　波伏瓦对老年的存在主义分析的第二个主要观点，最初似乎与第一个不太相符。波伏瓦声称，对我们每个人来说，老年的"发现"是外部强加的，而不是内在体验到的。不止如此，对老年的"完全内在体验"(《老年》，第324页)是没有的，这意味着，在存在上，我们成为老年是一种与我们的主体性存在有些不一致的境况。在解释这一点时，波伏瓦借用黑格尔的说法，区分了人类存在的两种不同模式，即"为-自己-存在"和"为-他人-存在"。(传统上，这些短语用连字符连接，以强调它们指的是存在结构，而不是事件的经验情形。）虽然我们"为-自己"时，是我们行动的主体，是我们筹划的绝对自由的根源，但我们"为-他人"时，是各种行动的客体：好奇、关心、怜悯、爱、蔑视等。（这就是波伏瓦早先描述的人类存在"悲剧式的模糊性"的一个维度。）这里"客体"一词的意思是双重的。一方面，我们是语法意义上的"对象"，不含贬义。另一方面，我们被矮化为客体，并被拒绝承认为主体——我们是这个意义上的"客体"。不过，在这两种情况下，我们在他人眼中的样子，并不一定是我们自己的样子。根据波伏瓦的说法，我只能通过他人的眼睛成为我自己的客体，为了看到我呈现的形象，我必须像别人看我一样看我自己。即便如此，我为-自己-存在和为-他人-存在之间的差异永远无法克服。

对为-自己-存在和为-他人-存在之间的关系的分析非常普遍，可用于我们的公共性存在的任何方面。在我与他者的关系中，我发现我是美的或丑的，勇敢的或懦弱的，"善良的"或"邪恶的"，都是通过其他人。作为一个普遍性问题，这是波伏瓦早期小说中最持之以恒描写的主题之一，尤其是《他人的血》。成为老年的独特处境在于，我们发现自己已经改变。正是因为我们曾经年轻，所以我们惊讶地发现，我们"突然"就老了："我五十岁时，当一个美国学生告诉我，他的一个朋友说，'那么，西蒙娜·德·波伏瓦是个老女人咯！'"（《老年》，第320页）正因为老年是从外部赋予我们的，所

p.104

以我们在生物学上相对年轻时就可以是老的，而甚至在晚年时也可以是年轻的。（《老年》，第325页）这还揭示了一个根本性的错误——可悲的错觉，即声称"你只有在你感觉老的时候才是老的"。恰恰相反，别人说你有多老，你就有多老。

在某些处境下，我们为-自己-存在和为-他人-存在之间的关系变成了一个心理—社会和政治问题，同时也是"存在的"问题，或者说"存在的"问题被戏剧性地强化了。在《黑皮肤，白面具》（1952）中，弗朗茨·法农描述了他的处境——一个20世纪30年代在巴黎学习的来自法国殖民地的黑人——他"被外界过度确定了"。当他走进一个房间时，他被白眼睛"盯住"，意识到自己对其他人来说是什么："进来的不是一个新的人，而是一种新的人，一个新的属。什么，是个黑鬼！"①除了是黑鬼，他什么都不是。法农的职业是精神分析的心理治疗师，他利用存在主义为-自己-存在和为-他人-存在之间的区别，来解释殖民地黑人的精神病理学。他发现，他们中的许多人精神扭曲，都是由于把种族主义者对自己形象内化了。

也许，老年并不代表这种程度的精神损伤，尽管在我们的医院（"锁定床位者"）和"老人之家"中被贬低和虐待的老人，或者那些靠微薄的养老金生活在家里的人，可能并不同意。对波伏瓦来说，老年问题的出现是因为老年人被化

①   Fanon, *Black Skin, White Masks*, p.116.

约为他们苍老的年岁，除了"一个老的人"，或者我们的语言不以为耻的对老年人的许多贬义称呼之外，什么都不是。对波伏瓦来说，在年轻人眼中，老年人是"一个'不同的物种'，一个连他们自己都认不出自己的物种……老人只不过是一具被判缓刑的尸体"（《老年》，第244页）。波伏瓦呼应了她对美国种族主义的分析，她认为可耻地对待老年人和我们社会所依赖的"人道主义道德"之间的矛盾，如果能得到理解，就只能假设我们已经默默地采取了拒绝将老年人视为"真正的人"的"省事之计"。（《老年》，第8页）反过来，这可能是由年轻人的自欺所造成的，他们不愿在老年人的处境中观照自己的命运。这就是为什么发现自己已年老是一个令人不快的打击。一个人成为一个问题，一个负担，一个于社会资源无助的、非生产性的消耗品："可别让他恢复过来"。到了老年，外界赋予我们的——也是最难以接受的——是一个多余的、弱智的、半人的形象。

在波伏瓦的叙述中，老年的两个"存在的"方面，即与时间的关系不断变化，以及在为-他人-存在中发现老年，都是以持续不断的负面措辞描述的。如果我们对此解读为，她声称她在描述一些无法避免的事情，那么《老年》就是一本令人不快的，同时在经验方面有争议的书。但这不是她所声称的。除了经常承认文化和历史的多种形式和个别的例外，分析的重点始终是对"存在的"方面的体验方式进行广泛的历史和社会经济叙事。从这个意义上来说，《老年》中的分析模式，是波伏瓦四十多年工作的集大成。在她的自传的最后两卷（1963，1972）中，波伏瓦认为《第二性》的主要问题是"唯心主义，以及意识的先验斗争"。（《时势的力量》，第202页）"今天，"她在最后一卷中写道，"我应该为'同一者'与'他者'之间的对立提供一个唯物主义的，而不是唯心主义的理论基础。我不应该把对'他者'的拒绝和压迫建立在敌对的意识上，而应该建立在对短缺的经济学解释上"（《清算已毕》，第483-484页）。到了《老年》，这种"唯物主义"胜出了。在每一步论述中，社会经济的解释的重要性都超过了其他任何解释。波伏瓦对老年"存在"的诸方面的体验的描述，并没有被认为是不可避免的。这本书描述了在当前境况下，除了少数特权者，所有人是如何度过老年的，这样做正是为了让当前的境况不再普遍存在。

p.106

如果一位老人"不再做任何事情"，他存在于当下只是为了栖身于过去，这是因为他没有"被赐予致力于也许使世界充满存在的目标、价值和理由的筹划的可能性"。由于被迫过着靠仅能维持生存的劳动的生活，他的未来"从一开始就被偷走了"。由于青年和中年时被剥夺了从事自由的创造性劳动的权利，因此我们不能在老年时获得给予我们生命意义的"文化、兴趣和责任"。对老年的呈现，是被迫成为社会游民的落魄形象，这不是我们不可避免的命运，而是社会不愿意面对它对老年所做的事情的结果，更重要的是，必须做些什么来改变这种情况：

正是对工人的剥削，对社会的摧毁，以及文化（只面向享有特权、受过教育的少数）的极端贫困，导致了这种非人化的老年。正是这样的老年让我们明白，一切都必须重新考虑，从头开始重新塑造。这就是为什么整个问题在沉默中被如此小心地忽略了：这是为什么这种沉默必须打破。（《老年》，第13-14页）

老年的含义是，对老年"存在"诸方面的分析——事实上还有对其他一切的分析——本身必须被看作是在历史中进行的探究。与波伏瓦之前的作品相比，这是此书最激进的举动，因为它对她早期作品中存在主义分析的所谓普遍性提出了质疑。但使《老年》成为波伏瓦最激进的作品的，是其"革命性"结论，即"老年是一个问题，一个社会的所有失败都集中于此"[①]。一个社会应该是什么样的，以便我们在最后几年里，仍然可以是人？波伏瓦没有提供蓝图，但提出了一个挑战——这是她所有工作的特点，这是在我们这个老龄化、养老金危机四伏的社会中，容不得我们忽视的："这是整个体系待解决的问题，我们的主张只能是激进的——改变生活本身。"（《老年》，第604页）

[①]　　　Sutton 的采访，见 Bair, *Simone de Beauvoir*, p.540。

波伏瓦著作

　　除了本书讨论的主要文本外，开始阅读波伏瓦，以下书目是不错的进入之道。可惜的是，波伏瓦的许多作品现在已经绝版（包括法文本和英译本），尽管人们希望在 2008 年她的百年诞辰之际，可能会出现一些新版。波伏瓦的所有四卷自传，尤其是第二卷（《盛年》，涵盖巴黎的占领和解放，以及波伏瓦与萨特的早年生活），为波伏瓦的生活和时代提供了一个引人入胜和趣味盎然的入门导读。《心爱的芝加哥人：1947—1964 年写给纳尔逊·阿尔格伦的信》，用英语写成，很亲切却也很有趣，内容丰富。《安详辞世》是对波伏瓦母亲的死亡进行的坦诚反思；《告别的仪式》对萨特最后的日子进行了时不时很残酷的描述，并附有波伏瓦和萨特之间晚期对话的文字记录。波伏瓦的前两部小说《女宾》和《他人的血》是波伏瓦形而上学小说的优良范例。然而，人们普遍认为《名士风流》是波伏瓦最好的小说（它在出版当年就获得了著名的龚古尔奖）。短篇小说集《独白》是波伏瓦成熟作品中存在主义哲学、女权主义和文学之间关系的典范。

论述波伏娃的著作

　　关于波伏瓦的最佳传记是 Deirdre Bair 的 *Simone de Beauvoir: A Biography* (Summit, New York, 1990)。Toril Moi 的 *Simone de Beauvoir: The Making of An Intellectual Woman* (Blackwell, Oxford, 1994) 一本更具学术性、更强调智性的传记，但还是很容易理解的，它对选定的文本进行了一些详细的检视。欧洲和美国最近关于波伏娃的批评和哲学工作的优良典范，可以在下面这本书中找到：Emily R. Grosholz 编的 *The Legacy of Simone de Beauvoir*, Clarendon Press, Oxford, 2004。在过去的十年中，论述波伏娃对哲学的贡献的几本好书也以英文或英译本出版了。这些书包括：Kristana Arp, *The Bonds of Freedom: Simone de Beauvoir's Existentialist Ethics*, Open Court, Illinois, 2001；Nancy Bauer, *Simone de Beauvoir, Philosophy and Feminism*, Columbia University Press, New York, 2001；Eleanore Holveck, *Simone de Beauvoir's Philosophy of Lived Experience: Literature and Metaphysics*, Rowman & Littlefield, Lanham, 2002；Karen Vintges, *Philosophy as Passion: The Thinking of Simone de Beauvoir*, trans. Anne Lavelle, Indiana University Press, Bloomington and Indianapolis, 1996.

年　表

1908年1月9日	弗朗索瓦丝（原姓布拉瑟尔）和乔治·德·波伏瓦在巴黎生下西蒙娜-欧内斯廷-露西-玛丽-贝特朗·德·波伏瓦。
1910年6月9日	埃莱娜·德·波伏瓦，西蒙娜的妹妹，出生在巴黎。
1913—25	在巴黎的艾德琳希望学校接受教育（1924—1925年中学毕业证书）。
1927—8	在巴黎纳伊区的圣玛丽学院攻读文学、拉丁文、希腊文和哲学学位。
1928—9	在索邦大学和巴黎高等师范学校学习哲学。 初见让-保罗·萨特；两人持续一生的关系就此开始。
1929	获得哲学奖。
1931—3	在马赛的蒙特格朗中学任教。
1933—7	在鲁昂的贞德中学任教。
1938—43	在帕丝的莫里哀中学和巴黎的卡米尔-赛依中学任教。
1939	法国开始动员参军，萨特被征召到南锡。
1940	萨特被俘，作为战俘被囚禁。
1941	萨特获释。没能加入抵抗组织。
1943	波伏瓦的第一部小说《女宾》出版。
1944	《皮洛士与奇涅阿司》出版。
1945	共同创办《摩登时代》。波伏娃的第一部戏剧《白吃饭的嘴巴》出版。《他人的血》出版。
1946	《以眼还眼》《文学与形而上学》《人都是要死的》出版。
1947	第一次到美国旅行。初见纳尔逊·阿尔格伦。《模糊性的道德》出版。
1948	《美国纪行》出版。
1949	《第二性》出版。
1951	《要焚毁萨德吗?》出版。
1954	《名士风流》出版。
1958	自传第一卷《闺中淑女》出版。
1960	自传第二卷《盛年》出版。
1963	自传第三卷《时势的力量》出版。

1964	《安详辞世》出版。
1967	第一部短篇小说集《筋疲力尽的女人》①出版。
1970	《老年》出版。
1971	波伏瓦在"343宣言"上签名，宣布她曾堕胎，这在当时的法国依然非法。

---

① 这部小说集以《独白》为中译书名出版（上海译文出版社 2012 年版）。——译者注

主要文献

Adieux: A Farewell to Sartre（《告别的仪式》）, trans. Patrick O'Brian, Penguin, London, 1985. *Le Cérémonie des adieux.*

All Said and Done (Autobiography,Volume 4)（《清算已毕》）, trans. Patrick O'Brian, Penguin, London, 1977.

America Day by Day（《美国纪行》）, trans. Carol Cosman, Victor Gollancz, London, 1998.

A Very Easy Death（《安详辞世》）, trans. Patrick O'Brian, Penguin, London, 1969.

Beloved Chicago Man: Letters to Nelson Algren 1947-64（《心爱的芝加哥人：致纳尔逊·阿尔格伦的信1947—1964》）, Phoenix, London, 1999.

The Blood of Others（《他人的血》）, trans. Yvonne Moyse and Roger Senhouse, Penguin, London, 1964. *Le sang des autres.*

The Ethics of Ambiguity（《模糊性的道德》）, trans. Bernard Frechtman, Citadel, New York, 1976.

'An Eye for An Eye'（《以眼还眼》）, trans. Kristana Arp, in Margaret A. Simons et al., eds, *Simone de Beauvoir: Philosophical Writings*, University of Illinois Press, Urbana and Chicago, 2004.

Force of Circumstance (Autobiography, Volume 3)（《时势的力量》）, trans. Richard Howard, Penguin, London, 1968.

'Literature and Metaphysics'（《文学与形而上学》）, trans. Véronique Zaytzeff and Frederick M. Morrison, in Margaret A. *Simons et al., eds, Simone de Beauvoir: Philosophical Writings*, University of Illinois Press, Urbana and Chicago, 2004.

The Mandarins（《名士风流》）, trans. Leonard M. Friedman, Collins, London, 1957. Les mandarins, Gallimard, Paris, 1954.

Memoirs of a Dutiful Daughter (Autobiography, Volume 1)（《闺中淑女》）, trans. James Kirkup, Penguin, London, 1963.

'Must We Burn Sade?'（《要焚毁萨德吗》）, trans. Annette Michelson (revised by Austryn Wainhouse and Richard Seaver) in Marquis de Sade, *The 120 Days of Sodom and Other Writings*, Austryn Wainhouse and Richard Seaver, eds, Grove Press, New York, 1966.

Old Age（《老年》）, trans. Patrick O'Brian, Penguin, London, 1977.

The Prime of Life (Autobiography, Volume 2)（《盛年》）, trans. Peter Green,

Penguin, London, 1965.

Pyrrhus and Cineas（《皮洛士与奇涅阿司》）, trans. Marybeth Timmerman, in Margaret A. Simons et al., eds, *Simone de Beauvoir: Philosophical Writings*, University of Illinois Press, Urbana and Chicago, 2004.

She Came to Stay（《女宾》）, trans. Yvonne Moyse and Roger Senhouse, Fontana, London, 1984. *L'invitée.*

The Second Sex（《第二性》）, trans. H. M. Parshley, Picador, London, 1988. The Woman Destroyed, trans. Patrick O 'Brian, Flamingo, London, 1984. *La femme rompue.*

索　引
（原书页码）

波伏瓦以"B"指代。

Beauvoir is indicated by 'B'.

图书在版编目（CIP）数据

如何阅读波伏瓦 /（英）斯特拉·桑福德
（Stella Sandford）著; 沈敏一译. -- 重庆 : 重庆
大学出版社, 2023.7
（大家读经典）
书名原文: How to Read Beauvoir
ISBN 978-7-5689-3680-4

Ⅰ.①如… Ⅱ.①斯… ②沈… Ⅲ.①波伏瓦
（Beauvoir, Simone de 1908–1986）—哲学思想—研究
Ⅳ.①B565.59

中国版本图书馆 CIP 数据核字（2022）第 258615 号

如何阅读波伏瓦
RUHE YUEDU BOFUWA

[英]斯特拉·桑福德(Stella Sandford) 著

沈敏一 译

策划编辑：姚 颖
责任编辑：姚 颖
责任校对：王 倩
装帧设计：Moo Design
责任印制：张 策

重庆大学出版社出版发行
出版人：饶帮华
社址：（401331）重庆市沙坪坝区大学城西路21号
网址：http://www.cqup.com.cn
印刷：重庆市正前方彩色印刷有限公司

开本：890mm×1240mm 1/32 印张：7 字数：142千
2023年7月第1版 2023年7月第1次印刷
ISBN 978-7-5689-3680-4 定价：52.00元

版贸核渝字(2021)第097号

Originally published in English by Granta Publications
under the title *How to Read Beauvoir*, copyright © 2006
by Stella Sandford.